JN000424

基本の家庭料理

かんたんだけど、しっかり作る

牛尾理恵

成美堂出版

はじめに

私は若い頃、どちらかと言えば料理が不得意でした。

はじめて友達に作った料理はきんぴらごぼう。

たった1本のごぼうを切るのに

30分もかかるほどでした。

おみそ汁を作るのも、だしが必要だということ、

その取り方もわからないほどでした。

でも苦労の末、できあがった料理はとても愛しく、

何よりみんなに「おいしい!」と言ってもらえたことが、

すごくうれしかったのを覚えています。

その後、病院給食の仕事を経験しました。

大鍋で作るカレーライス。

何しろ大量なので玉ねぎを炒めるのも重労働です。

でもおおざっぱに炒めたときと、

しっかりきちんと炒めたときの味の違いを

ベテラン栄養士さんには見破られてしまいました。

「なぜ玉ねぎをしっかり炒めるのか?」

しっかり炒めることと、

サッと炒めることの違いは何か。

フライパンの大きさは

どのくらいのものを使えばいいのか。

火加減やタイミングはどうなのか。

それを知っているだけで、

格段に料理の仕上がりに違いが出ます。

サラダをみずみずしくする方法、

お肉をジューシーに焼く方法、

野菜炒めをシャキッと仕上げる方法。

家庭料理の「なぜそうしたほうがいいのか」を

自分なりに研究し、

確かめていくごとに基本の重要性を感じます。

基本とは基礎です。基本を知れば、

いろいろな料理に応用でき、

アレンジの幅が広がります。

最近では時短料理、ズボラ料理などと

面倒なことを省いて効率よく料理を作ることが

重宝されがちですが、

やはり基本を知ったうえで時短を目指したほうが、

断然料理が上手に、楽しくなります。

この本は、多くの人に好まれる

メニューのラインナップが充実しています。

それだけに、外食やテイクアウトなどでも

手軽に食べる機会があるかもしれません。

でも、自分で作り上げた達成感や

食べてくれたみんなの笑顔は、

基本を身につけてこそ味わえるものだと思います。

牛尾理恵

Contents

第1章　初心者さんこそ知っておくべき

料理する前の
調理の基本の「き」

第2章　自炊のベースはここから！

家庭料理の土台となる
「ごはん」「だし」「卵料理」を知る

第3章　ほっと安らぐ家庭の味

だしの旨みと旬を味わう「和」のおかず

第4章　いつもの食卓が華やぐ！

大人も子どももみんな大好き「洋」のおかず

第5章 パンチある味でごはんが進む

スパイシーな香りが食欲をそそる
「中華」のおかず

この本の見方

この本のきまり

・材料は2人分が基本です。副菜など、作りやすい分量で記載しているレシピもあります。
・計量は1カップ＝200ml、米1カップ＝180ml、大さじ1＝15ml、小さじ1＝5mlです。
・野菜は洗う作業をすませています。皮をむく、ヘタを取るなどの工程を省略しているレシピもあります。
・だし汁はおもに昆布とかつお節で取ったもの（42ページ参照）を使用しています。
・調味料はおもに濃口しょうゆ、合わせみそを使用しています（10ページ参照）。
・本書ではガスコンロを使用しています。
・電子レンジの加熱時間は600Wを基準にしています。500Wの場合は1.2倍にしてください。

A 調理時間
調理にかかる時間の目安です。乾物の戻し時間などは省略されています。

B 使う道具
加熱に使用する道具のアイコンです。

C 材料
使用する食材とその分量です。お好みで適宜調整してください。

D 火加減
加熱時の火加減を表すアイコンです。1つの工程で火加減が変わる場合は2つあります。

E 作り方
料理の手順です。わかりやすいように、すべての工程に写真を入れています。

F ポイント
各工程の、料理をおいしく仕上げるためのコツやポイントを紹介しています。

G ヒント
レシピ全体のポイントや注意点を紹介しています。

第1章

＼ 初心者さんこそ知っておくべき ／

料理する前の

調理の

基本の「き」

SNSを中心に簡単にレシピを見られる時代になりました。
それはそれで便利ですが、肝心のコツがわかりづらかったり
なぜその工程が必要なのかの解説がなかったりと
料理をはじめたばかりの初心者にとっては
「？」も多いことでしょう。
包丁やフライパンを持つ前に、
まずは料理の基本・基礎を知っておきましょう。
わからない用語が出てきたら、
各章の末尾にある用語辞典をぜひ活用してください。

道具を揃えて準備万端！
持っておきたい 基本の調理道具

料理を作るのに必要な基本の道具の一覧です。
素材や大きさなど、選ぶ基準はさまざまありますが、それぞれの特徴を見比べて
用途に合ったものを選びましょう。長く使ううちに愛着も湧いてきます。

［ 切る ］

包丁

肉・魚・野菜などがすべて切れ、さびにくいステンレス製の万能包丁がおすすめ。刃渡りは18〜22cmが一般的。切れ味が悪くなってきたら砥石で砥ぐ。

まな板

プラスチック製はにおいやカビがつきにくく、漂白もできる。軽すぎると切るときに動いてしまうので要注意。サイズはキッチンのスペースに応じて選ぶ。

ピーラー

にんじんやじゃがいもなどの皮をむくのに使うほか、薄切りや筋取り、面取りにも使える。横の突起はじゃがいもの芽を取るときに使うもの。

キッチンばさみ

包丁と同様にさびにくいステンレス製がおすすめ。まな板がいらないのでスペースを取らず、洗い物をする時間の短縮になる。できあがった料理を切るときにも手軽に使える。

［ 加熱 ］

鍋・大（20cm）

スパゲッティをゆでる際や、カレー、筑前煮などの煮込み料理向き。アルミ、ステンレス、ホーローなどの材質があり、それぞれ特徴が異なるので、好みのものを選ぶ。

フライパン・大（26cm）

焼く、炒める、ゆでるなどのさまざまな調理が1つでできる、まずはじめに揃えたいサイズ。一度にたくさんの量を調理できるので、ファミリー層にもおすすめ。

フライパン・中（24cm）

もっとも一般的なサイズ。家庭用の火力を効率的に使うことができ、蓋をすれば煮物を作るときや蒸すときにも使える。

鍋・小（18cm）

みそ汁やスープを作るとき、野菜の下ゆでをするときなどに使う。片手で柄を持ってよそうこともでき、初心者にも扱いやすい。

フライパン・小（20cm）

材料が少ないレシピのときや、朝食、お弁当のおかずなどを作るときにも便利。小さいので軽く、小まわりがきいて扱いやすい。

深型フライパン（24cm）

底が深く、フライパンと鍋の両方の特徴を持つので、多くの調理法に使える。揚げ物は鍋よりも少ない油ですみ、炒め物は具材や油の飛び散りを防ぐことができる。

［ 容器 ］

バット・大中小

切った材料を並べておいたり、揚げ物の際にパン粉をつけたりするのに使う。ゆでたものや炒めたものを取り出しておくのにも便利。専用の網があり、揚げ物の油を切る際などにセットで使う。

ボウル・大中小

野菜を洗う、調味料とあえる、ハンバーグのタネをこねる、卵を混ぜるなど、用途に応じてサイズを使い分ける。ステンレス製が丈夫で扱いやすく、耐熱性もあっておすすめ。乾物を水で戻す際にも使える。

ザル

水気を切るときや油揚げの油抜きをするとき、だしをこすときなどに使う。重ねて使えるようにボウルと同じサイズのものを選ぶ。ボウル同様、耐熱性のあるものがおすすめ。

［ はかる ］

計量カップ・大

2カップ（400ml）まではかれる大きめの計量カップ。ガラス製で目盛りが見やすい。表記形式はわかりやすいものを好みで選ぶ。

計量カップ・小

1カップ（200ml）まではかれる小さめの計量カップ。ステンレス製でさびにくい。

計量スプーン

大さじ（15ml）と小さじ（5ml）をはかることのできるスプーン。複数セットあるといちいち洗う手間が省けて時短に。

デジタルスケール

食材などの正確な重さをはかるのに必要な道具。ボウルなどに入れたまま、容器の重さを差し引いてはかることができる。

キッチンタイマー

ゆでる時間や煮込み時間をはかっておくと、加熱しすぎを防げて失敗しにくい。特に初心者のうちは持っておくと安心。

［ 混ぜる・返す・すくう など ］

菜箸

炒める、焼く、混ぜる、盛りつけるなど、さまざまな用途で使う。

木べら

炒める、混ぜるのに使う。木製は軽いので扱いやすく、高温にもなりにくい。

ゴムベラ

ボウルなどに残った液体をきれいにすくい取れる。シリコン製は高温にも強い。

おたま

汁物や煮物を混ぜたり、よそったりするのに必要な道具。

フライ返し

形を崩さず返すのに使う。鶏肉の皮目などを押しつけて焼くときにも。

トング

肉や魚をつかんだり、スパゲッティをゆでるときにあると便利。菜箸よりも扱いやすい。

アク取り

アクを取るだけでなく、ゆでたものをすくうときにも使える。ない場合はおたまで代用可能。

こし器・細

網目の細かいこし器。小麦粉などをふるったりするのに使う。

こし器・粗

網目の粗いこし器。卵液をこしたり、塩・こしょうなどをふるのに使う。

ほかにあると便利なもの

・竹串
・爪楊枝
・落とし蓋
　（作り方は28ページ参照）
・おろし器
・卵焼き器 など

和洋中なんでもござれ
揃えておくべき
基本の調味料

まさに料理の味を決める調味料。地域性や諸外国のものを含めると
数え切れないほどの種類がありますが、家庭で揃えておきたい基本の調味料をまとめました。
それぞれの特徴を知り、個性を活かすことで料理の味わいが広がります。

和食の「さしすせそ」

和食において基本調味料を加える順番をその頭文字で覚えやすく語呂合わせしたのが「さ（砂糖）し（塩）す（酢）せ（しょうゆ）そ（みそ）」です。浸透圧の効果で塩やしょうゆの塩味から加えると甘みが染み込みにくくなるため、甘さをつきやすくするために砂糖から加えます。しょうゆやみそは風味も残したいため最後に加えることで豊かな仕上がりに。

さ 砂糖

家庭料理で一般的に使われているのが、精製された「上白糖」。料理に甘さとコクをプラスします。最近では「きび砂糖」や「てんさい糖」などミネラルなどの栄養素を豊富に含んだ種類があるので、お好みでセレクトしましょう。

し 塩

ナトリウム純度99.5％以上の「精製塩」と「天然塩」があります。天然塩はミネラルなどを豊富に含み、精製塩に比べて風味が豊かに。本書で紹介しているレシピはすべて天然塩を使用しているので、味見をしながらお手持ちの塩で調節を。

す 酢

料理には「穀物酢」と「米酢」を使用することが多いです。米酢のほうがまろやかなので、酢の物など加熱しない料理におすすめ。味つけのほか、殺菌・防腐・漂白効果もあるので、下ごしらえなどに使うことも。

せ しょうゆ

昔、しょうゆを"せいゆ"と表記したため、せに当てはめられています。レシピに出てくるしょうゆは一般的には「濃口しょうゆ」を指します。「薄口しょうゆ」は、色は濃口より薄いですが塩分濃度は濃いため、使うときには加減しましょう。

そ みそ

大豆を主原料にし、こうじと塩を加えた発酵食品。米や麦、こうじなどの原料や産地によって色や味わいが大きく異なります。本書ではスーパーで購入できる「合わせみそ」を使用していますので、お手持ちのみそで量を調節してください。

アルコール類

酒　　みりん
赤ワイン　　白ワイン

レシピで酒と出てきたら「日本酒」または「料理酒」を指します。食材の臭みを消し、風味を広げる効果があります。料理酒は塩分や甘みを含みますが、少量での使用にはさほど影響がありません。

みりんはもち米と米こうじを焼酎に入れて醸造させた熟成調味料。まろやかで上品な甘みのため、料理に深みを出したいときや仕上がりに照り・ツヤを与えたいときに使います。洋食では赤ワイン・白ワインを酒と同じ効果で使用しています。

似て非なる「みりん」と「みりん風調味料」

みりん風調味料は糖類やアミノ酸などの旨み調味料を加えてみりんに似せた代替調味料。アルコール度数もみりんの14％に比べ1％と低く、みりんより安価に購入できます。照りをつけるなどみりん同様の効果はありますが、コクや風味はみりんのほうが格別。

だし・スープの素（顆粒）

和風だしの素　　コンソメスープの素
鶏がらスープの素

料理のベースになるだしやスープは市販の素を使うと簡単。和食には和風だし、洋食にはコンソメスープ、中華には鶏がらスープがマッチ。

スパイス

黒こしょう　　カレー粉

料理に辛みと風味をつけるスパイス。下味から仕上げのアクセントまで幅広く使えるこしょうは必須アイテムです。特にパンチがある「粗びき黒こしょう」がおすすめ。

カレー粉は味のアレンジが広がるほか、味つけに使用する調味料が減って減塩効果も期待できます。

油脂類

サラダ油　　ごま油　　オリーブオイル　　バター

炒め物から揚げ物まで幅広く使えるのが「サラダ油」。植物の種子から作られ、コーン油や菜種油のことをサラダ油と呼びます。香ばしさが特徴のごま油は、香りを重視したい料理におすすめ。中華料理では仕上げに加えることも多いです。イタリア料理に欠かせないオリーブオイルは、洋食との相性抜群。爽やかな香りなので、ドレッシングなどの加熱しない料理にも多く使われます。

バターは動物性の脂なので、コクと旨みが段違い。おもに洋食で使用しますが、しょうゆやみそなどの和の調味料とも相性抜群です。

正しい取り扱いで料理上手へ
調理道具の
正しい扱い方と使い方

食材を切るために必要な包丁やまな板、炒めたり煮たりするときに使うフライパンなど、
料理を作るためには調理道具が欠かせません。取り扱うときのコツを知っておけば、
動作がスムーズになって調理がしやすくなります。初心者さんは立つ姿勢や場所から見直してみましょう。

［ 包丁で切るときの正しい姿勢 ］

何気なくキッチンに立ってしまいがちですが、実は包丁を使うときの正しい立ち方があります。
ほんの小さなコツで、切る作業がスムーズに！

包丁は まな板と直角に！ まな板のスペースを 最大限に 有効活用できる

調理台からは こぶし1個分！

調理台からはこぶし1個分
ほど離れた場所に立ちます。
近すぎたり、遠すぎたりする
と、腕に余計な力が入り包
丁をスムーズに扱えません。
こぶし1個分がムダな力が
入らない適正な距離。

利き腕側の足を 1歩後ろへ！

利き腕側の足を軽く1歩後
ろへ引いた状態で立ちま
す。右利きなら右足、左利
きなら左足です。この軽い
1歩で包丁がまな板に対し
て直角になります。

NG例

調理台にまっすぐに
立つと、包丁を斜め
に使うことになり切り
にくいうえ、まな板を
使うスペースもせまく
なってしまいます。

左利きの場合

片刃の包丁は利き手側が斜め
になっているので、利き手に
合ったものを選ばないと切り
にくくなります。左利き用は少し
高価ですが、持っておくと調理
が楽になります。両刃包丁の場
合は、利き手は関係ありません。

［　包丁の基本的な使い方　］

柄をしっかりとにぎる

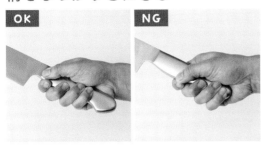

OK　NG

柄の根元をしっかり持ちます。あまり遠すぎると力が入らず、扱いづらかったり、かたいものが切りにくかったりするのでケガのもとに！

反対側の手は「猫の手」に

OK　NG

包丁を持たないほうの手は「猫の手」で押さえます。指先で押さえると、ケガのもとになるので、指を軽く曲げた猫の手にして添えます。

基本は「押して」から「引いて」切る

前方へ押し出すと刃がスムーズに動きます。刃がまな板に接したらスッと引くことでスッパリと切れます。これをリズミカルに繰り返します。

かたい食材は押して切る

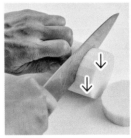

かたい野菜は押し出すのではなく、力を入れて押すイメージで。かぼちゃなどは両手を使って力を加えて押して切ります。

［　包丁の部位と使い方　］

刃先

刃の先端。
刃先を縦にしてトマトやピーマンのヘタをくり抜いたり、豚肉の脂身の間に差し込んで筋切りをしたりします。

腹

刃の内側の平らな部分。
にんにくの上に腹をのせ、上からつぶします。

柄

手でにぎる部分。

背（みね）

柄とつながった厚みのある部分。
背を使ってごぼうの皮をこそげ取ります。

刃元

柄に近い刃の部分。
刃元をぐるりと入れ、じゃがいもの芽をくり抜きます。

ピーラーがあれば皮むきが簡単にできる

家庭での皮むきはおもにピーラーを使うと便利で早いです。
ピーラーも包丁同様に基本的な使い方がありますので、覚えておきましょう。

引いてむくのが基本

一般的に普及しているのがT型ピーラー。このタイプは、刃の下にあるアゴを食材にあて、引きながら皮をむいていきます。にんじんや大根などの長い食材の皮はむきやすいですが、じゃがいもなど手の平サイズのものは、ギュッとにぎりしめすぎると刃で手を切ってしまうので、食材を持つ手は軽くを心がけて。

突起部分で芽が取れる

ピーラーの横についている突起部分でじゃがいもの芽をえぐり取れる。初心者は包丁を使うよりピーラーを使うほうが簡単なのでおすすめ。

自分に合ったまな板をチョイスする

サイズや素材などさまざまな種類があるまな板。
使い勝手やキッチンのサイズ、収納場所も考慮して自分に合ったものを選びましょう。

サイズは大きめがおすすめ

さまざまなサイズがありますが、初心者にかぎらず大きめを選ぶのが◎。食材がのり切らなかったり、切っているときに転げ落ちるのはストレスのもとになります。シンクに入り切る横幅が40cm前後のものを選ぶのがベストです。

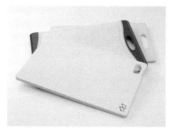

お手入れが簡単なプラスチック製を

素材もさまざまですが、初心者はお手入れが簡単なプラスチック製がよいでしょう。熱にも強く、乾燥も早く、塩素系漂白剤にも強いため、昔ながらの木製よりも簡単に清潔に保つことができます。

こまめな殺菌消毒を

まな板の表面には包丁で切ったときの細かい傷が無数についています。そこから雑菌が繁殖しやすいので、こまめな消毒を。シンクで熱湯をかける熱湯消毒か、布巾などに塩素系漂白剤を含ませ、まな板全体にかぶせて5分ほど放置して流す方法が簡単です。

食材を切る順番も大事です。野菜などまな板が汚れないものから切りはじめ、肉や魚は最後に回すと洗う回数が減り、雑菌の感染リスクも最小限にすることができます。ただし、切っている途中でも汚れてきたらその都度洗いましょう。

［ フッ素樹脂加工のフライパンは万能調理道具 ］

フライパンは炒めるだけでなく、煮る・ゆでる・揚げるもこなす万能調理道具です。
用途によってサイズや深さを変えると和洋中なんでも作ることができます。

フッ素樹脂加工のフライパンは
油を入れてなじませる

フッ素樹脂加工は油をひかずに熱する「から焼き」をしてしまうと加工面が傷んで寿命も短くなります。炒める・焼くときは油を先にひき、傾けながら全体になじませましょう。

焦げやすい食材は
入れてから火をつける

にんにくや粘度のある調味料は焦げやすいので、火をつけて温めてから入れるのではなく、先に材料を入れてから火にかけると焦げつきません。火加減は弱火でじっくりと。

かたい金属製の
ヘラは使わない！

かたい金属製のヘラなどを使うと、表面に傷がつきやすく、そこから加工がはがれたり傷んだりする原因に。木製やシリコン製などのやわらかい素材の調理道具を選びましょう。

無理に
あおらなくても大丈夫！

野菜炒めなど具だくさんのときは、フライパンからこぼれてしまうので、無理にあおらず、トングを使って全体を混ぜてください。火加減と材料を加える順番で、あおらなくても野菜の歯ごたえはキープできます。

あおるときは
手早くスピーディーに

チャーハンなど食材や調味料の一体感がポイントとなる料理はヘラだけだと間に合わないこともあるので、あおって全体を混ぜます。手首のスナップを利かせ、奥に素早く押し込むように動かすと全体の上下がひっくり返ります。

熱いうちに水はNG！
やさしく洗う

調理後の熱々の状態のフライパンに水をかけていませんか？ 実はこれ、NGです。急激な温度変化による膨張・収縮で、フッ素樹脂加工がはがれやすくなってしまいます。冷めてからやわらかいスポンジに食器用洗剤をつけ、やさしく洗います。焦げ汚れを落とすような研磨剤の練りこんであるスポンジのかたい面や、金属たわしを使わないこと。汚れが冷えてかたまる前にふき取り、汚れの量を減らしておくと、洗剤も力も最小限でサッと洗うことができますよ。

覚えた分だけ料理の幅が広がる
身につけたい
基本の切り方一覧

レシピ内に登場する材料の基本の切り方をまとめました。
料理ごとに適する切り方があるので、ひとつずつ実践しながら覚えましょう。
今回は登場しない切り方もありますが、基本ができていればほかもすぐにマスターできます。

せん切り

NG!

指を伸ばして切るのはNG！指先を丸めた猫の手にして切ります。ほかの切り方でも共通です。

4〜5cm長さに薄く切り分けて重ね、端から細く切る。

みじん切り

根元は切り落とさずに垂直・水平から格子状に細かく包丁を入れ、1〜2mm角になるように端から切っていく。

残った根元の部分も同様に切り込みを入れて刻む。

ざく切り

3〜4cm幅になるように端から切る。大きい場合は横向きにして重ね、再び同じように端から切る。

ひと口大に切る

食べやすい3cm四方程度に端から切る。食材が大きい場合は縦に細長く切ってから、横向きにして再び切る。

くし形切り

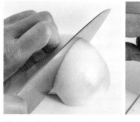

半分に切り、平らな面を下にして置き、放射状に等分に切る。厚みは料理によって変える。

斜め切り

端から斜めに包丁を入れ、切り口が細長くなるように切っていく。

細切り

長さを揃えて薄く切り、端から細い棒状になるように切る。

角切り

垂直・水平から格子状に包丁を入れ、立方体になるように端から切っていく。1辺は1cmほどが目安。

そぎ切り

包丁を斜めに寝かせ、厚みをそぐように切る。包丁の刃先から押し入れて手前に引く。

輪切り

> 包丁の刃先ではなく、中央部分を使って垂直に力を加えます。

切り口の丸い食材を、端から同じ厚さに切っていく。

小口切り

> 小口切りはきゅうりやねぎなどの細長い食材に使います。輪切りは食材の大きさは問いません。

端から丸い切り口になるように切っていく。

乱切り

> 面が大きいので火が通りやすくなります。形はバラバラでも大きさは揃えるのがポイント。

端から斜めに包丁を入れて切り、切り口が上にくるように手前に回して不規則な形になるように切っていく。食材が大きい場合は、はじめに縦半分や4等分に切る。

いちょう切り

> 4つ割りではなく、半分に切ると半月切りになります。

縦に4つ割りにし、切り口を下にして端から切る。4つ割りにした2本をまとめて切ると効率的。厚みは料理に応じて変える。

おいしい料理は準備が大事！
知っておきたい
基本の下ごしらえ一覧

レシピ内に登場する基本の下ごしらえをまとめました。
下ごしらえは成功のための重要な秘訣です。おいしい料理を作るために、
省かずきちんと実践してみましょう。調理のときも楽になります。

肉

余分な脂肪を除く

皮の裏などにかたまっている脂肪を、手でつまんで包丁で切り取る。

筋を切る

赤身と脂肪の境にある白い筋に、縦に何か所か包丁を入れる。

焼き縮みを防ぐ

皮目にフォークを刺したり、肉たたきでたたいたりする。

下味をつける

塩・こしょうをふったり、混ぜ合わせた調味料に漬けたり、もみ込んだりする。

魚介

サンマの下処理

> 半分に切って焼く場合や、頭を切り落とす場合は71ページを参照。

サンマを洗い、うろこがついていないか触って確認する。ついていた場合は包丁の背でなでるようにして取り除く。

食べる際に箸でほぐしやすくするために横に長く切り込みを入れる。

ワタを取る場合は頭側の腹に5cmほど切り込みを入れ、包丁や指でワタをかき出してよく洗う。

イワシの下処理

包丁の刃で表面をこすって黒うろこを取り除く。尾を切り落とし、頭はエラビレを立たせて斜めに包丁を入れ、裏側も同様にして切り落とす。

腹を斜めに切り落として、ワタをかき出す。

指を入れて血や残ったワタをよく洗い流す。

アジの背開き

包丁の刃先でこすって細かいうろこを取り、尾側から包丁を入れてぜいごを取り除く。

エラの根元に刃先を入れて頭を切り落とし、ワタをかき出してよく洗う。

背側から中骨に沿って包丁を入れて開く。身は切り離さない。

開いた状態で裏返し、反対側も同じように中骨に沿って包丁を入れる。

中骨がほぼ身から離れたら、骨を切り落とす。

腹のあたりの鋭いトゲを、まな板と手で押さえながら包丁で取り除く。

腹骨に沿って包丁を入れ、腹骨をそぎ取る。

骨抜きやピンセットで小骨を取り除く。

エビの殻をむく

 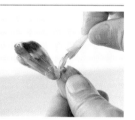

足を取りながらはがすようにむく。エビフライなどは尾側のひと節分だけ残しておく。

尾にある剣先（尖った部分）を折って取り除く。

エビの背ワタ取り

背を丸めるように持って、頭側から2節目あたりに爪楊枝を縦に刺し、背ワタをすくい出すようにして引っ張り出す。

背側に浅く切り込みを入れて包丁の刃先でかき出す方法もある。

アサリの砂出し

水1カップに対して小さじ1強（または水2と1/2カップに大さじ1）の塩を加えてよく混ぜ、アサリを漬ける。重ならないようにボウルに入れ、少し頭が出ているくらいの水量にする。

アルミホイルや新聞紙などをかぶせて暗くし、砂の中と同じ環境にしてアサリが砂を吐き出しやすくする。

アサリ同士をこすり合わせるようにしてよく洗う。

スーパーなどで売っているアサリなら1時間ほど、潮干狩りなどで採ってきたアサリは3時間ほど砂出しをします。途中で塩水も替えましょう。

玉ねぎの皮をむく

上下5mmほどを切り落とす。

縦半分に切って、端からむいていく。

絹さやのヘタと筋を取る

端を小さく折り、下に向けて筋を引っ張って取る。

反対側も同じようにする。

じゃがいもの芽を取る

包丁の根元の角を使ってくり抜くように取る。

ピーラーの突起を使ってくり抜く方法もある。

> じゃがいもの芽にはソラニンやチャコニンなどの毒素があり、食べ過ぎると食中毒を起こすので、残っていないかきちんと確認しましょう。

トマトのヘタを取る

ヘタの根元に包丁の刃先を入れ、くり抜くように1周させる。

ブロッコリーを小房に分ける

つぼみのつけ根に包丁を入れてひと房ずつ切り取る。大きい場合は小房の茎に切り込みを入れて裂く。

ごぼうの皮をこそげ取る・水にさらす

水で洗った後、包丁の背で手前から奥へとこすって皮を除く。

変色するので水にさらしておく。

使う前にザルにあげ、ペーパータオルなどで水気をふく。

かぼちゃの種とワタを取る・面取りする

大きめのスプーンを使ってくり抜くように取る。

角をとって面取りをする。

> 切り口の角を取り丸くすることを「面取り」といいます。詳しくは172ページを参照。

里いもの皮をむく

上下を薄く切り落とし、上から下へとむいていく。水を張ったボウルに漬けてサッと洗い、水気を切ってふき取る。

ピーマンのヘタをくり抜く・種を取る

ヘタを切り落として縦半分に割り、指で種を取る方法もあります。

ヘタの周りに包丁の刃先で1周切り込みを入れる。

ヘタを持って軽くねじるように引き出すと種も取れる。

大根の皮を厚くむく

輪切りにして少しずつ回しながらむいていく。皮の付近は筋張っているため、厚くむく。

もやしのひげ根を取る

水で洗った後、細くなっている根の部分を爪の先などで折るようにして切り取る。臭みが減って口当たりがよくなる。

セロリの筋を取る

葉と茎のつけ根を折る。

茎をピーラーでむいて筋を取る。包丁を使ってもよい。

しょうがの皮をこそげる

スプーンのふちや柄で皮をこすって取り除く。1かけは親指の先から第一関節くらいまで（約15g）が目安。120ページも参照。

たけのこの白い粒を取る

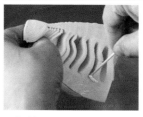

白い粒は旨みのもととなる「チロシン」というアミノ酸が加熱されて溶け出し、冷めてかたまったものです。食べても問題ありませんが、気になる場合は取りましょう。

爪楊枝などを使ってすき間からかき出すように取る。

いんげんのヘタを切る

ヘタの向きと長さを揃えて並べ、まとめて切り落とす。

ゆでる

じゃがいもやにんじんなどの根菜類は火が通りにくいので、水から入れてゆでる。

竹串がスッと通るか確かめる。

水気を切る

ザルやバットにあげてペーパータオルでふき取ったり、手で絞ったりする。葉野菜は146ページ参照。

その他

豆腐の水切り

ペーパータオルに包み、上に重しをのせて30分ほどおく。

切った豆腐の場合はペーパータオルの上にのせておく。

油揚げの油抜き

油抜きをするのは、油が酸化しやすく、味が落ちるためですが、今は流通がしっかりしているので賞味期限内であればしなくても問題ありません。32ページも参照。

ザルなどに広げて熱湯を回しかける。ゆでる方法もある。

ひじきを戻す

水でサッと洗い、水に浸して15〜20分やわらかくなるまで戻す。

ザルにあげて水気を切る。

わかめを戻す

ひじきは戻すと約8倍、わかめは約12倍になります。

ひじきと同じように洗い、水に浸して戻し、水気を切る。

しいたけの石づきを取る・軸を取る

先端のかたい部分（石づき）を切り落とす。

軸はかさのすぐ下で切り落とす。石づきを取ると軸も食べられる。

しめじをほぐす

石づきを切り落とし、食べやすい大きさになるように手でほぐし分ける。

赤唐辛子の種を除く

切り口を下に向けて振ると出やすくなります。種がついているワタで辛み成分が作られているので、辛さが苦手な人は特にきちんと取りましょう。

ヘタを取って爪楊枝などで種をかき出す。

切り干し大根を戻す

水で洗い、15分ほど水に浸してやわらかく戻し、手で水気をしっかりと絞る。

春雨を戻す

熱湯に浸して戻し、ペーパータオルなどで水気をふき取る。

昆布をふく・細切りにする

ぬらしたペーパータオルで表面をふき取る。

漬け物などにする場合ははさみで細切りにする。

こんにゃくの下ゆで

手やコップ（105ページ参照）で好きな大きさにちぎり、熱湯で2分ほどゆでる。

ザルにあげて水気を切る。

スパゲッティをゆでる

 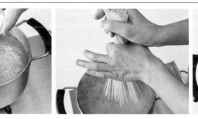

沸かしたお湯に
塩（水10カップに対して小さじ4）を加える。

スパゲッティを広げて入れ、
はみ出る部分は手やトングで押さえて沈める。

入れてすぐは麺同士がくっつかないように混ぜ、
袋の表示時間通りにゆでる。

> 噴きこぼれやはみ出した麺が燃えるのを防ぐため、できるだけ深くて大きめの鍋を使ってゆでます。

マカロニをゆでる

沸かしたお湯に塩（水5カップに対して小さじ2）を加え、
マカロニを入れて袋の表示時間通りにゆでる。

きちんと「はかる」が
おいしいへの近道

目分量でおいしく料理を作れるのが理想ですが、初心者はまずきっちりと計量して
調理することを身につけましょう。その過程を繰り返すことで、色や香りなどの五感が養われ、
自分なりの「おいしい」にたどり着くことができます。まずは正確にはかってから料理を！

［ 計量カップではかる ］

1カップ = 200ml

1カップを基本に、1/2カップ
（100ml）、1/4カップ（50ml）、
1と1/2カップ（300ml）など
目盛りに合わせて正確に入れ
ましょう。

ラインきっちり！

少なめやオーバーはNG！

［ 手ではかる ］

最後に味をととのえるときなど、
塩や砂糖は手でつまんで加えます。

3本で！

ひとつまみ

親指、人差し指、中指の3
本の指でつまむ。小さじ1/5
（1g）が分量の目安。

2本で！

少々

親指、人差し指の2本の指で
つまむ。小さじ1/10〜1/8
（0.5g）が分量の目安。

［ スケールではかる ］

食材をはかるときはデジタルスケールを使えば、
正確なグラム数がはかれます。

電源を入れ、バットやボウルなどをスケールの上にの
せる。「0g表示」ボタンを押すと、のせた状態で0gに
設定できるので、食材の正確な分量がはかれる。

［ 計量スプーンではかる ］

調味料などをはかるときに必ず使うのが計量スプーン。
何本かセットになったものもありますが、大さじと小さじの2本があればOK！

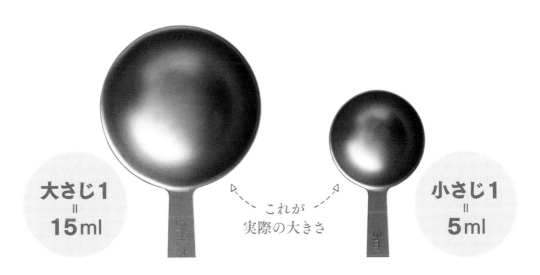

大さじ1
=
15ml

これが
実際の大きさ

小さじ1
=
5ml

液体状（しょうゆ、みりん、酒、油など）**のはかり方**

大さじ1

スプーンのふちから表面張力で盛り上がっている状態がぴったりの量。

大さじ1/2

カーブした底部分の容量が少ないため、見た目にはスプーンの2/3くらいが目安。

粘度がある調味料は
しっかりすくう！

トマトケチャップやマヨネーズなど粘度が高い調味料のときは小さなヘラなどを使い、スプーンに残った調味料をしっかりすくい取りましょう。

粉末状（塩、砂糖、小麦粉、片栗粉など）**のはかり方**

大さじ1

すり切りして表面を平らにした状態が、ぴったりの量。

大さじ1/2

すり切りしてから半分のラインをつけ、そこに沿って落とした量。

「すり切り」とは……

粉末状を山盛りにすくい取り、スプーンなどの柄を使って余分な分量を落として平らにします。

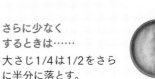

さらに少なく
するときは……
大さじ1/4は1/2をさらに半分に落とす。

これで料理上手になれる！

初心者が知っておくべき
料理の基本

料理初心者さんが失敗する多くの原因が、
基本を知らずに"なんとなく"で作ってしまうからではないでしょうか？
工程や味つけ、料理のすべてにおいしく仕上がる仕組みがあります。
ひとつひとつは難しいことではありませんので、基本を知っておくと上達も早いです。

［ すべての基本の「き」 ］

その1
材料は事前に切っておく

料理に使うすべての材料は、事前に切っておきましょう。特にスピーディーに仕上げたい炒め物などは途中で切る工程をはさむと肉が焦げたり、野菜から水分が出てきたりなど失敗の原因に。一度にまとめて切ることで効率もアップします。

切った材料はバットにまとめておくとひと目でわかって便利です。

その2
下味でおいしさアップ

肉や魚介類に下味をつけておくと、おいしく仕上がります。たんぱく質は火を入れると味が入りにくくなるため、生の状態で塩、しょうゆ、酒などの下味をつけます。塩や酒は食材の臭みを消す効果もあるのでよりおいしく作れます。

塩などはバットでふり、しょうゆや酒などはボウルで漬けることが多いです。

その3
火加減を守れば失敗しない

「ハンバーグが生焼け……」「野菜炒めが焦げ焦げ……」初心者がやりがちなこれらの失敗は、火加減を知っていれば解消できます。火加減は「弱火」「中火」「強火」が基本。ただし、鍋やフライパンの直径によっても加減が変わってくるので、よく使う鍋やフライパンで火の状態を確認しておきましょう。

弱火

中火

強火

炎が小さく弱く、鍋底に当たらない状態。
焦げやすい食材をじっくり炒める、時間をかけてゆっくり加熱する煮込み料理などに。

弱火と強火の中間で、炎の先が鍋底にほどよく当たる状態。
多くの料理の火加減は中火が基本。レシピに火加減が書いていないときは、中火を指す。

炎が鍋底全体に勢いよく当たっている状態。
短時間で仕上げたい炒め物や、仕上げに汁気を飛ばしたり、照りを出したりするときなどに。

［ 炒める・焼くの基本 ］

その1
食材の大きさ・切り方は揃える

手早く仕上げたい炒め物は、食材の大きさや切り方を揃えておくと一気に調理することができます。口に入れたときの食感もよく、見た目にも美しく作れます。チンジャオロースなら、肉や野菜を細長く切ることで一気に短時間で炒め上がります。

その2
火の通りを均一にする

野菜炒めなど肉やさまざまな野菜が入った料理は火の通りにくい順に炒めましょう。キャベツや白菜などは葉と芯とでは火の通りも違うので、別々に加えます。卵や肉など火が通りすぎてしまうと味が落ちるものは火が通ったらいったん取り出し、戻し入れることも。

その3
「合わせ調味料」で味つけを

酒、しょうゆ、オイスターソースなど、調味料を複数使う料理は、ひとつずつ入れていると時間がかかるので、事前に合わせた「合わせ調味料」を準備しておきましょう。これで味つけにムラが出ることなく、手早く味が決まります。

その4
蒸し焼きでふっくら・ジューシー

ハンバーグや餃子など、表面を焼くだけでは中まで火が通りにくい料理は、蓋をして蒸し焼きにしましょう。蒸気の効果で中までしっかりと火が通ります。表面を焼いてから蒸し焼きにすると、中に旨みが閉じ込められてジューシーに仕上がります。

その5
焼き色をつけて旨みを出す

こんがりと焼き色をつけることで、肉・魚介・野菜の旨みを閉じ込めます。ついつい菜箸などでかき混ぜてしまいたくなりますが、料理によっては最初にあまり触らないことも大事。焼き色や軽い焦げも香ばしさをプラスするおいしさの要素です。

その6
塩は肉1％、魚1〜2％が目安

シンプルに塩だけで味つけするときの加減は、肉は重量の1％、魚は1〜2％を目安に。味ムラが出ないよう両面にまんべんなくふりましょう。パックに重量が明記してあるので、調理する前にチェックしておけば計算も簡単です。

［ 煮る・ゆでるの基本 ］

その1

水加減を知る

材料を煮込んだり下ゆでしたりするとき、どのくらいの水分量なのかをおおまかに表現するのが「ひたひた」「かぶるくらい」「たっぷり」の3種。特に分量は決まっておらず、鍋の大きさや材料の重量によっても違ってくるため、見た目による違いを覚えておきましょう。

ひたひた

煮物など煮汁が少なめのときの水加減。材料の表面が水にようやく漬かるか、わずかに水面から出ているくらいが目安。

かぶるくらい

煮込みなど、煮汁をある程度残したいときの水加減。材料の高さと同じくらいの水位で、材料の表面がちょうど漬かるくらいの状態。

たっぷり

スープなどの汁物、スパゲッティやかさの高い食材をゆでるときの水加減。鍋の3/4くらいの高さで、材料全体が完全に漬かるくらいの状態。

その2

落とし蓋で味を均一に

煮物を作るときに欠かせないのが「落とし蓋」。落とし蓋をすることで、煮汁が蓋に当たって鍋の中を循環し、味が均一に出来上がります。また、蒸気の蒸発を防いで煮詰まりにくくしたり、食材同士がぶつかって煮崩れるのを防ぐなどの効果も。一般的には煮る鍋よりも小さい蓋を使いますが、クッキングシートで作ることもできます。

クッキングシート落とし蓋の作り方

1 クッキングシートを放射状に三角形に折る。

2 鍋に合わせ、直径より少し小さく、丸型になるよう端を切り落とす。

3 三角形の先端を切り落とし、抜け穴を作る。

4 開いて完成。

その3

煮物は甘みを先に加える

塩は砂糖よりも粒子が小さく、浸透力が強いため、先に塩を加えてしまうと砂糖などの甘みが浸透しません。甘みが味の決め手となる煮物は、先に砂糖で煮て甘みが浸透したら、塩やしょうゆを加えます。甘みのあるみりんは最初でも、ととのえるために最後でもOK。

砂糖は保水力が高く、煮物をしっとり仕上げる効果もあります。

その4

煮魚はフライパンで作るべし

煮物というと鍋で作ると思いがちですが、煮魚は小さなフライパンで作ることをおすすめします。フライパンは崩れやすい煮魚を重ねずに並べることができ、盛りつけの際もヘラなどですくいやすいため、きれいに取り出すことができます。煮汁をかける際の作業効率も抜群です。

煮魚は崩れやすいので、むやみにフライパンをゆすったり箸で触ったりしないようにしましょう。

［ 揚げるの基本 ］

その1

揚げ油は菜箸でチェック

揚げ油の温度は見た目ではわかりにくいうえ、温度計ではかるのも面倒です。そこで菜箸を使った温度チェックを覚えましょう。菜箸をぬらして水気をふき取り、揚げ油の中心に入れると泡の出方で何℃くらいなのかわかります。

低温 160～170℃

箸先から細かい泡がゆっくりユラユラ出る状態。根菜など火の通りにくいものをじっくりと揚げるときに。

中温 170～180℃

箸全体からすぐに小さな泡がシュワシュワとのぼる状態。から揚げ、とんかつ、コロッケなど揚げ物の基本となる温度。

高温 180～190℃

箸全体からすぐに大きな泡が勢いよく上がる状態。一度揚がったものを二度揚げするなど、カリッと仕上げたいときに。

その2

油は多くなくても大丈夫

たっぷりの油で揚げるイメージですが、実はそんなに油を使わなくても大丈夫。鍋底から3～5cmくらいの高さがあれば、どんな揚げ物もできます。最近では油を控えた揚げ焼き調理も一般的になりましたが、食材がしっかり油に漬かると格別の揚げ上がりに。

使う油が少ないと後片づけも楽です。油の量の節約にも！

その3

衣がかたまるまで触らない

から揚げでもアジフライでも油に入れたら最初の数分間は触らないように。ついついいじりたくなってしまいますが、衣がはがれることがあるので、衣がしっかりかたまってから返しましょう。何度もひっくり返していると温度も下がるので要注意。

かき揚げはばらけないようはじめに箸で押さえておきます。かたまったら触らないようにしましょう。

その4

二度揚げでカラッと仕上げる

から揚げは中温で表面をかため、いったん上げて余熱で中まで火を通します。高温にしてもう一度揚げることで衣のサクサク感が出ます。二度揚げすることで外はカラリ、中はジューシーな仕上がりに。とんかつでも二度揚げする場合があります。

余熱で火が入るぶん油に漬かっている時間が短くなるため、カロリーも一度で揚げるときより低くなります。

その5

バッター液で衣づけを簡単に

揚げる前の事前段階、衣づけを簡単にする技です。通常は小麦粉→溶き卵→パン粉の順で衣づけしますが、小麦粉と水と卵を混ぜたバッター液にするとバッター液→パン粉の二段階ですみます。中途半端な分量の溶き卵が余らないのも◎！

「バッター」は「揚げ衣」を意味する英語（batter）のことです。

最後までおいしく食べ切る保存の基本

残ったおかずを翌日のお弁当やおかずに繰り越すことがありますよね？ 安全・安心の保存方法を知っておけば、せっかく作った手作り料理を最後までおいしく食べ切ることができます。副菜は作り置きしておけば、普段の食事作りが手軽になるので、ぜひこの方法で保存をしましょう。

基本その1

調理時

味つけと加熱はしっかりする

しょうゆ、砂糖、塩、酢などの基本的な調味料は食材の保存性を高めるものが多いです。酢漬けや漬け物など日持ちがする料理というのは、昔からの食の知恵です。多めに作って保存したいとき、作り置きおかずとして調理するときは少し濃いめに調節しましょう。
また、肉や魚介類などはしっかりと火を通すことも重要です。加熱することで食材についている雑菌を殺し、菌の繁殖を防ぎます。

保存性を高める調味料

しょうゆ 塩分と有機酸が含まれているため、菌の増殖を止める。

砂糖 塩同様、浸透圧で食材の水分を奪う効果がある。

塩 塩漬けにすることで、菌の繁殖のもとになる水分を減らす。

酢 主成分である酢酸に菌の繁殖を防ぐ効果がある。

基本その2

保存時

保存容器は消毒する

食品腐敗の多くの原因は、雑菌が繁殖するため。もっとも気をつけたいのが、保存容器を清潔に保つことです。耐熱容器なら煮沸したり、熱湯をかけて消毒し、水気をしっかりとふき取りましょう。最近では食品用の消毒アルコールスプレーが普及しているので、容器の内側と外側に数回スプレーしてペーパータオルでふき取る方法もおすすめ。アルコールスプレーなら耐熱容器以外にも使えて楽ちんです。
プラスチック製の容器は傷がつきやすく、そこに雑菌が入り込みやすいのであまり古いものは保存目的には使用しないほうがいいでしょう。

保存時

よく冷ましてから保存する

保存するときは、完全に冷ましてから冷蔵庫に入れましょう。温かいまま入れると容器にこもった湯気が水滴となり、食材が腐敗する原因になります。さらに、庫内の温度も上がり、電気代が余分にかかってしまいます。急いで冷ましたいときは保冷剤の上にのせたり、鍋ごと冷水に入れたりする方法のほか、冷蔵庫の急冷機能も活用しましょう。容器の蓋についた水滴も雑菌繁殖の原因になるので、しっかりふき取ってから閉めてください。

食べるとき

しっかり再加熱して食べる

一般的に雑菌は80℃以上で死滅するといわれています。煮物などを温め直して食べるときは、しっかりと火を入れ直してから食べましょう。再加熱するときは鍋底、鍋肌から全体をかき混ぜてしっかり沸騰させること。電子レンジ加熱の場合は、火の通りにムラがあるため、中までしっかり温まっているか確認をしましょう。特に詰めてから食べるまでに時間があくお弁当は要注意！

食べるとき

直箸はやめて取り分ける

あえ物や漬け物など加熱が不要なおかずの場合、ついつい保存容器ごと食卓に並べてしまいたくなりますが、直箸はやめましょう。直箸したところから雑菌が繁殖してしまいます。1回で食べ切れない場合は、面倒でも清潔な菜箸やスプーンなどを使い、食べる分だけを取り分けましょう。作り置きするのは便利ですが、数日で食べ切れる量を作ることも大切です。

保存と作り置きするときのQ & A

Q 保存期間の目安は？

A 冷蔵保存で2〜3日以内に食べ切るようにしましょう。それ以上になりそうなら、粗熱を取ってすぐに冷凍保存するのも◎。その期間内で食べ切れる分量を見極めましょう。

Q 保存したおかずをお弁当に入れるときの注意点は？

A しっかりと再加熱したものを、さらに冷ましてから詰めてください。漬け物やあえ物など汁気のあるものはしっかりと汁気を切ってから。
保冷剤や保冷バッグなどを活用して、温度が上がらない工夫もしましょう。

Q 腐敗を見極めるポイントは？

A 調理時の工程や保存環境によって、保存期間が短くなる場合もあります。カビやヌメリがあったり、すっぱいにおいがしたら、残念ですが破棄を。見た目やにおいが大丈夫でも、口に入れたときに違和感があったら食べるのはやめましょう。

料理にかんする用語辞典 1

レシピのなかには、料理特有の用語や言い回しが出てきます。
そこで、4回に分けて基本的な料理用語を紹介！
調理をはじめる前にわからない用語を確認し、調理中に戸惑うことをなくしましょう。
パート1では、あ行・か行の用語を紹介します。

【あ行】

あえる

食材と調味料を絡ませて味をつけること。食材の水分をしっかり切っておかないと味が薄まってしまうので注意が必要。食材同士が一体化する「混ぜる」とは異なり、形が変わらない程度が目安。

アクを取る

アクは食材の渋みや臭みなどが染み出たもの。味だけでなく見た目も濁って悪くなるので、調理中に出てきたらおたまやアク取りですくって捨てる。水を張ったボウルなどを用意し、すくった後にゆすげるようにしておく。

味をととのえる

仕上げに塩やしょうゆなどを加えて味の調整をする。濃い味を薄めるよりも、薄い味に足して調整するほうが簡単なので、初心者は特に薄めの味つけを心がけて、最後にととのえるようにするとよい。

油抜き

油揚げや厚揚げなど、油で揚げてある食材の表面の余計な油を取り除くこと。ザルなどに広げて上から熱湯を回しかけたり、鍋でゆでたりする。煮物などで味の染み込みがよくなるだけでなく、油が抜けることでカロリーも減らすことができる。

油を熱する

食材を焼くときや揚げるときなどに、フライパンに油を入れ、火にかけて温めること。手をかざしてほんのり熱を感じるくらいが目安。

粗熱を取る

熱々の状態から、触っても熱くない人肌程度までに冷ますこと。水滴が発生するのを防いで衛生を保ったり、続く調理工程で形が崩れたり変色したりしないように行う。熱々のものを冷蔵庫に入れると周りの食材にも影響があるため、そのまま室温において冷ます。

色が変わったら

食材に火を通す際に、火が通って表面に色がついてきた状態のこと。ほかの材料や調味料を入れたり、ゆでた食材を取り出したりするタイミングの目安になる。

色よくゆでる

熱湯に塩を加え、野菜の色が鮮やかな状態を失わない程度にゆでること。ゆですぎると変色するので目を離さないようにする。ゆでたあともそのままにせず、すぐに冷水で冷まして水気を切る。

落とし蓋

煮物を作る際に、食材の上にかぶせる蓋のこと。市販のもののほかに、クッキングシートやアルミホイルで自作することもできる（28ページ参照）。食材が動きにくくなり、煮崩れを防ぐ効果がある。

【か行】

香りを出す

にんにくやしょうがなどの香味野菜を香りがしてくるまで炒め、油に香りづけをすること。火が強いと香りが出る前に焦げてしまうので、弱火でゆっくり加熱する。

カリッとする

肉や魚を焼くときや揚げ物をするときに、水分や油分が抜けてほどよくかたく、表面が色づいた仕上がりの目安。

きつね色になる

焼いた食材や揚げ物の表面が明るく濃いめの茶色になること。

こす

こし器やザルなどの網目を通して、不要なものを除いたり、食感をなめらかにすること。ペーパータオルを使う方法もある。

こそげる

とろみがあるものをヘラなどでこすり取るほか、野菜の皮を包丁の背で削り落とすことも表す。皮をこそげる野菜はごぼうやしょうがなど。

こんがり焼く・揚げる

ほどよい焼き色がついて香ばしくなるまで焼く・揚げること。

第2章

\ 自炊のベースはここから！ /

家庭料理の
土台となる
「ごはん」「だし」
「卵料理」を知る

やはり日本人の家庭料理の土台となっているのが、白いごはん。
そしてだしを使ったおみそ汁、卵を使った料理があれば、
もうそれは立派な献立です。
炊飯器の性能が高まったため、誰でもおいしいごはんを炊けますが
ほんの些細なコツでツヤツヤもっちりのごはんに仕上がります。
ワンランク上のごはんが炊けると、
それに合わせたおかずにもこだわりたくなります。

おいしいごはんを炊こう

家庭料理の基本といえば、ふっくら粒立った炊き立てのごはん。身近なゆえに
実はきちんとしたごはんの炊き方を知らないまま、なんとなく炊飯している方も少なくありません。
そこでまずは基本のごはんの炊き方を身につけましょう。おいしく炊き上がったごはんがあると
シンプルなおかずとみそ汁だけでも満足のいく食卓になりますよ。

● 材料（4合分）

米 ……………………… 4合	料理を作るときの計量カップは1カップ＝200mlですが、米の計量カップは
水 ……………………… 適量	1合＝180ml＝150g。炊飯器に付属の計量カップを使いましょう。

1 米をはかる

NG!
盛り上がった状態の
ままはダメ！

お米用の計量カップに米を入れ、箸などを使ってきっちりとすり切る。

> 米の量が適当だと、水加減が正確にできないので、しっかりはかりましょう。

2 米を洗う（1回目）

\ 一番、重要！ /

ザルに計量した米を入れ、たっぷり水を張ったボウルに入れ、3〜4回クルクル混ぜて素早く引き上げる。

> 乾燥した米は水を吸水しやすいので、1回目の洗いが一番重要。ぬか臭さが米に吸収されてしまう前に、手早く表面の汚れを洗い流します。水はできれば浄水器の水やミネラルウォーターが◎。

3 米を洗う（2・3回目）

NG!
"研ぐ"ではなく"洗う"をイメージして

ボウルに米を入れ、手はテニスボールをにぎるような感じで指をやわらかく丸め、米同士が軽くこすれるように混ぜる。

> 昔は精米された米でも米ぬかが残っていることもあったので、しっかりと手の腹で押すように洗う、言葉で表すと「研ぐ」ようにしていましたが、最近は精米の精度もいいので、「洗う」感じで大丈夫です。あまり力を込めて研ぐと、米が割れてしまい、炊き上がったときに食感が悪くなります。

とぎ汁が濃いので水を足してサッと混ぜてから水を捨てる。この作業を3分以内に2〜3回繰り返す。

> 湯は使わず、米は必ず水で洗いましょう。お湯を使うとお米の旨みや香りが抜けやすくなります。

洗い終わりの目安

1回	2回	3回

> 完全に透明でなくても白く濁っていなければOK

最初は白く濁っていた水が3回ほど洗うと、透明感がありつつもうっすら濁っている程度になります。完全に透明になるまで洗う必要はありません。

4 浸水する

洗った米はいったんザルにあげて水気を切り、炊飯釜に移す。

炊飯釜の分量の目安のラインまで水を注ぐ。少なくとも30分、できれば1時間ほどおく。

> ラインがない場合は米の1〜1.2倍の水を入れますが、大体米1合につき1カップ＝200mlほどの水と覚えておくと、炊飯器でも鍋でもうまく炊けます。

浸水の目安

基本	夏場	冬場
30分〜1時間	30分	1時間〜

気温によって浸水時間が変わるので、季節によって時間を分けてもいいです。
30分前後はねばりが少なめの炊き上がり、1時間以上はもっちりとねばり強くなります。
タイマー予約で炊く場合もあると思いますが、できれば2時間以上浸水させるのは避けましょう。
また、最近の機能の高い炊飯器は浸水時間や蒸らし時間も計算されているので、米を洗って時間をおかずにスイッチを入れて大丈夫です。

5 炊飯する

指で米を平らにならし、スイッチを押す。

> 炊飯器は「普通モード」「早炊きモード」などありますが、早炊きモードで炊く場合は特にきちんと浸水しておきましょう。

6 蒸らす

炊き上がったら蓋を開け、しゃもじで十字に区切る。

区切りに沿ってしゃもじを入れ、底から上下を返すようにほぐし混ぜる。

> あまり混ぜすぎると米がつぶれてしまうので、十字の区切りに沿って4回上下を返せばOK。

ていねいに作業するとふっくら・ツヤツヤのごはんが炊き上がる！

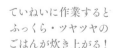

お鍋でごはんを炊いてみよう

土鍋や厚手の鍋でごはんを炊くのは「難しそう……」と思っている方も多いのではないでしょうか？
実はコツさえつかめば簡単に炊くことができます。炊飯器で炊くより少ない時間で炊き上がり、
何よりお米のふっくら感や旨みが断然違います。

● 材料（2合分）

米 ……………………… 2合
水 ……………………… 400ml

> 大きさにもよりますが、お鍋で炊くときは米2〜3合が炊きやすいです。水加減は炊飯器で炊くときと同じく、米1合につき1カップ＝200mlほど。

1 米を洗い、浸水する

炊飯器で炊くときと同様、やさしく2〜3回洗い、30分〜1時間浸水させる。

2 強火にかける
◊◊◊ 強火

鍋に洗った米と水を入れ、蓋をして強火にかける。

3 沸騰したら弱火で炊く
◊◊◊ 弱火

＼ この泡が沸騰の合図！噴きこぼれる前に弱火に ／

火にかけてから5分ほどして沸騰したら、弱火にして12〜13分炊く。

> 蓋がカタカタとしたり、蓋と鍋の間から泡が噴き出そうになったりするのが沸騰の目安。

4 蒸らす

炊き上がったら蓋を取り、ふんわりと混ぜる。
ペーパータオルを1枚のせ、再び蓋をして15分以上蒸らす。

土鍋などドーム状の蓋であれば水滴が落ちにくいのですが、フラットな蓋は水滴が落ちやすいので要注意！

鍋炊きごはんは蒸らしが重要！

「炊きムラ」とは、鍋の下に水分がたまりやすいため、下のほうがやわらかく、上のほうがかために炊き上がってしまうこと。炊飯器で炊く場合は機能がしっかりとしているのでそれほど炊きムラはありませんが、鍋などの場合は蒸らし時間も炊き時間と考え、10分以上、できれば15分ほどしっかりと蒸らします。

炊きムラをなくすために炊き上がったら蓋を開け、余分な水分を飛ばして全体をほぐすように、空気を含ませるようにふんわりと混ぜます。全体を混ぜることで炊きムラをなくすだけでなく、ふっくらと甘みのある仕上がりになります。その際、蓋の形状によっては蓋についた水蒸気が米に落ちて、結局ベチャッとなってしまうこともあるので、ペーパータオルや布巾を1枚かませておくといいです。

加熱時間は20分弱！
しっかり蒸らすことで
ふっくらと甘みのある
仕上がりに

残ったごはんの冷凍方法

ごはんは小分けに冷凍保存しておくと、電子レンジで解凍すればいつでも食べられて便利です。
炊いてから時間がたったごはんを冷凍するより、なるべく炊き上がりを冷凍したほうがおいしいので、
残りそうなときは早めに冷凍保存するのがおすすめです。

1 茶碗1杯分をはかる

粗熱を取った茶碗1杯分＝150ｇ目安のごはんをラップの上にのせる。

2

かたまっていたら菜箸で軽くほぐす。
平らになるようにラップで包む。

3 冷凍保存する

\ before /

\ after /

包んだごはんを冷凍庫で保存する。

平らな四角形に包むと、冷蔵庫でかさばらずに保存できます。
食べるときは冷凍のまま、電子レンジ（600Ｗ）で3分ほど加熱します。

冷凍保存のコツ

ごはんは時間がたったものより、炊き上がりの粗熱を取ったごはんを蒸気ごと包むことで、解凍して食べるときにパサつきません。ラップで包んでも、専用の保存容器に入れてもOK。また、電子レンジ加熱後のごはんは、すぐに食べるのがベスト。電子レンジで解凍後は水分が蒸発しやすいので、お弁当用に温めなおしたものを詰めると昼にはパサパサ・カチカチになってしまうこともあります。

知っておきたい
お米とごはんの Q & A

Q 無洗米を炊くときは?

A

無洗米は洗わなくてもいいようにしっかりとぬかを除去した米です。通常の米は洗う際に吸水されますが、その水分がないので少し多めの水、1合で225mlの水で炊きます。炊飯釜であれば目盛りよりも大さじ1〜2ほど多めに水を入れて炊きます。最近の計量カップには無洗米用の水加減も明記してありますので、炊飯器で炊くときはその目盛りに合わせましょう。炊飯釜に米と水を入れたら全体をサッと混ぜ、米全体に水がふれるようにします。ただし、洗わなくてもいいというだけで浸水しなくてもいいわけではないので、浸水はなるべくしましょう。
また、メーカーや家庭での保存状況の違いにより、炊く前にサッと洗うこともあります。

Q 雑穀米って何?

A

押し麦、もち麦、きび、あわ、赤米、黒大豆、あずきなどを総称して雑穀といいます。雑穀米はそれらをブレンドしたもので、ビタミンやミネラル、食物繊維を多く含んでいます。お好みの雑穀を白米に混ぜて炊いてもいいですし、市販の雑穀ミックスを使うのもいいでしょう。白米と混ぜる割合はお好みでいいですが、市販の雑穀ミックスであれば白米2〜3合に対して雑穀大さじ2ほどが目安です。
米と一緒に洗ってもいいのですが、雑穀の中にはアマランサスなど粒の細かいものもあるので、ザルにあげたときに流れこぼれてしまいます。できれば米とは別に洗い、茶こしなど目の細かいもので水気を切るといいでしょう。炊くときは大さじ2の雑穀に対して同じくらいの水30mlを足して炊きます。

Q 新米を炊くときは?

A

採れたての新米は水分が多めなので、米を炊くときの水加減はやや少なめに、と言われていました。ですが、実は水分が多いのではなく、細胞の壁がまだかたくないために、やわらかく炊けてしまうことがあるのです。基本的にはいつも通り炊いていいですが、浸水時間が長くなるのは避けましょう。

Q 1合のお米を炊くと何gになる?

A

米の品種にもよりますが、1合＝約150gです。これを炊くと約340gになるので、ごはん茶碗2杯と少しです。食べる量を計算して炊き、残りそうなら早めに冷凍するのがおすすめです。

Q おいしく食べられる保存時間は?

A

炊き上がった直後からごはんのかたさ、香り、色味などがどんどん劣化していきます。炊飯器の性能が高くなり、長時間保存もできますが5〜6時間以内に食べたほうがいいでしょう。

ごはんがふんわり
おにぎりをにぎろう

炊き立て熱々のごはんでにぎるほうがふんわりと仕上がりますが、慣れないうちは熱いです。
しかし、冷めてしまうと米同士がうまくくっつきにくくなるので、力を込めてにぎることになり、
かたいおにぎりになってしまいます。そこで、お茶碗を使った簡単なにぎり方を伝授します。

● **材料（2個分）**

温かいごはん …… 200g（1個100g）
塩、焼きのり ……………… 各適量

1 ごはんをボール状にする

茶碗にごはんを100gよそい、同じサイズの茶碗をかぶせる。

両手で上下に10回ほどふる。

> ふることでごはんがボール状にまとまります。それをいくつか作っているうちに、最初のボールはにぎりやすい温度になっています。

2 手塩をつける

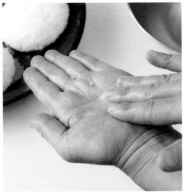

ぬらした手の指先2〜3本に少しだけ塩をつけ、それを手のひら全体に広げる。

3 にぎる

ボール状のごはんを手のひらにのせ、手のひらで一辺を下から支え、もう一方の手で三角の山を作り、ごはんを回転させながらやさしく形をととのえる。

具を入れる場合は……

ボール状のごはんを手のひらにのせ、中央を軽くへこませる。

へこんだ部分に具をのせ、少し押さえるようにして埋め込む。

具（今回は梅干し）を包むように軽くまとめる。

ごはんを回転させながらやさしく形をととのえる。

4 のりを巻く

長い長方形に切ったのりをおにぎりの底にあて、頂点を包むように巻く。

お好みで後ろから巻きつけてもよい。

子どもやお年寄りなどの噛む力が弱い方は、のりが噛みちぎれず、おにぎりが崩れてしまうこともあります。手で小さくちぎってそれをまぶすようにしてもいいでしょう。

初心者でも失敗せずに
ふんわり口当たりのよい
おにぎりが作れる！

おにぎりを持ち運ぶ
ときのポイント

のりを巻いたおにぎりをラップで包むと、はがしたときにラップにのりがべったりついてしまうので、アルミホイルで包むほうがいいです。持ち運ぶ際は、食べる直前に巻くスタイルもおすすめ。

みそ汁や和食に欠かせない

料理のベースとなるだしの取り方

家庭料理、和食にだしは欠かせません。特に一番だしはどんな料理にも使え、
上品な香りと旨みが広がります。その都度取るのもいいですが、2ℓ分をまとめて取り、
2カップ＝400mlずつ程度に小分けにして冷凍するといつでも使えて便利です。
いつも同じ鍋で作るようにすると、いちいち計量しなくてすみます。

● **材料**

2カップ＝400mlの
だしを取る場合
水 ………… 2と1/2カップ＝500ml
昆布 ……………………… 5g(5cm)
かつお節 ………………………… 5g

2ℓ弱のだしを取る場合
水 ……………………… 2ℓ＝2000ml
昆布 ………………… 20g(20cm)
かつお節 …………………… 20g

1 昆布をふく

昆布は水でぬらしてかたく絞った布
巾やペーパータオルで表面の汚れ
をサッとふく。

2 昆布を水に漬ける

鍋に昆布と水を入れ、1時間ほど漬
けてやわらかくする。

前日から漬けて冷蔵庫に入れてお
いてもいいです。

3 🔥🔥 中火
火にかけ、昆布を引き出す

鍋を中火にかける。

水が2と1/2カップならやや弱めの中火、2ℓなら強め
の中火にしましょう。

沸騰直前、フツフツと泡が立ってきたら昆布を取り出す。

沸騰させるとねばりや濁りが出てきたり、風味が飛んだ
りしてしまうので、フツフツしてきたら火から離れない
ようにして。

4 かつお節を加える

かつお節を加え、沸騰してふわっと浮いてきたら火を止め、そのままかつお節が沈むまでおく。

5 かつお節をこす

かつお節が完全に沈んだらボウルにザルとペーパータオルを重ねてのせ、かつお節をこす。

> かつお節についた水分をぎゅうぎゅうと押して絞りたくなりますが、自然に落ちるのを待ちます。

だしがらを活用した「二番だし」

🔥🔥🔥 強火　🔥🔥🔥 弱火

二番だしは一番だしに比べて風味や旨みは劣りますが、肉や魚などの煮物に使うのであれば十分においしくなります。
一番だしで使った昆布とかつお節を鍋に入れ、水を注いで強火にかけ、煮立ったら弱火にして10分ほど煮てこします。

> 昆布5g、かつお節5gの場合の
> 水の目安は1と1/4カップ
> 昆布20g、かつお節20gの場合の
> 水の目安は5カップ

香りも旨みも格別な
「一番だし」

旨みをじっくり煮出した
「二番だし」

基本のみそ汁の作り方

汁物が食卓にあると、ほっと心が安らぎますよね。特にみそ汁は具が違うと、
味も見た目も変わるので毎日飲んでも飽きません。合わせみそ、赤みそ、白みそなど
さまざまな種類と地域性があるみそを使い分け、自分なりの1杯を極めるのも楽しいです。

● 材料（2人分）

豆腐（木綿・絹ごしお好みで）
………………… 1/3丁（100g）
わかめ（乾燥）
…… ふたつまみ（大さじ1/2ほど）

青ねぎ（小口切り）…………… 適量
だし汁 ………………… 2カップ
みそ ………………… 大さじ1と1/2

1 中火 豆腐を温める

鍋にだし汁を入れて中火で加熱し、1.5cm角に切った豆腐を加える。

> 豆腐の大きさにもよりますが、100gくらいなら手の上で切るほうが楽です。厚みを半分に切ってから、1.5cm角になるように縦、横に包丁を入れます。包丁が手に当たったら絶対にひいたり押したりしないように。包丁を垂直にやさしく落とし、手のひらに当たったところで真上に引き上げます。

2 わかめを加える

1〜2分したらわかめを乾燥したまま加える。

3 みそを溶く

わかめが戻ったら火を止め、みそを溶く。

> みそをドボッと鍋に入れるのではなく、おたまにみそを入れ、そこにだし汁を入れて少しずつ溶き、溶けたら鍋に戻し、だし汁を再びおたまに入れて残りのみそを溶く、を繰り返します。

4 中火 温める

再び中火にかけて沸騰する手前まで温める。お椀にみそ汁を盛り、青ねぎを散らす。

> みそを入れたら沸騰させないこと。みその風味が飛んでしまいます。

みその風味が香り立つ
王道の家庭の味

食べ飽きない！
みそ汁バリエーション

キャベツの甘さが際立つ！
キャベツと油揚げの
みそ汁

● 材料（2人分）

キャベツ ……………………………………… 100g
油揚げ …………………………………………… 1/2枚
だし汁 …………………………………………… 2カップ
みそ ……………………………………… 大さじ1と1/2

● 作り方

1 キャベツは2cm角程度のざく切りにする。

2 油揚げはザルにのせ、熱湯を回しかけて油抜きをし（22ページ参照）、横半分に切ってから1.5cm幅に切る。

3 鍋にだし汁を入れて中火で熱し、キャベツと油揚げを入れて3分ほど煮たらみそを溶く。

なめこがとろ～り、ねぎシャキシャキ
なめこと長ねぎの
みそ汁

● 材料（2人分）

なめこ ………………………………… 1袋（100g）
長ねぎ …………………………………………… 1/4本
だし汁 …………………………………………… 2カップ
みそ ……………………………………… 大さじ1と1/2

● 作り方

1 なめこはザルに入れ、流水をかけてもむようにしながら洗う。長ねぎは1cm幅に切る。

2 鍋にだし汁を入れて中火で熱し、なめこと長ねぎを入れて3分ほど煮たらみそを溶く。

落とし卵は半熟に仕上げるとおいしい
豆苗と落とし卵の
みそ汁

● **材料（2人分）**

豆苗 ……………………………………………… 1/2パック
卵 ………………………………………………………… 2個
だし汁 …………………………………………… 2カップ
みそ ……………………………………… 大さじ1と1/2

● **作り方**

1 豆苗は根を切り落とし、半分の長さに切る。卵は小さめのボウルに1個ずつ割っておく。

2 鍋にだし汁を入れて中火で熱し、豆苗を加えて火が通ったらみそを溶く。

3 再び煮立ったら鍋肌に卵をそっと落とす。2分ほど煮て卵白がかたまってきたらお椀に盛る。

料理のヒント！

卵を割り入れる際は煮立っているほうがうまくいきます。かたさはお好みでOKですが、半熟で仕上げ、みそ汁に溶かし混ぜると絶品です。

なすを加熱すると色落ちしない！
なすのみそ汁

● **材料（2人分）**

なす ………………………………… 1～2本(約70g)
だし汁 …………………………………………… 2カップ
みそ ……………………………………… 大さじ1と1/2
青ねぎ（小口切り） ………………………………… 適量

● **作り方**

1 なすはヘタを落とし、1cm厚さの半月切りにする。ラップで包み、電子レンジ（600W）で1分加熱する。

2 鍋にだし汁を入れて中火で熱し、なすを加え、沸騰したらみそを溶く。

3 お椀に盛り、青ねぎを散らす。

料理のヒント！

なすをそのまま煮ると、汁に皮の色が移ってしまいます。煮たり焼いたりしてから調理すると色移りしません。電子レンジで加熱してから加えるのが一番手軽な方法です。

すりごま＆ごま油の香りがアクセント
ニラのみそ汁

● **材料（2人分）**

ニラ ………………… 60g
だし汁 …………… 2カップ
みそ ……… 大さじ1と1/2
ごま油 …………… 小さじ1
白すりごま ……… 小さじ2

● **作り方**

1 ニラは3cm幅のざく切りにする。

2 鍋にだし汁を入れて中火で熱し、ニラを加えてサッと煮たらみそを溶く。

3 器に盛り、ごま油をかけ、白すりごまをふる。

さつまいもと玉ねぎのやさしい甘さにほっこり
さつまいもと
玉ねぎのみそ汁

● **材料（2人分）**

さつまいも ………… 100g
玉ねぎ …………… 1/4個
だし汁 …………… 2カップ
みそ ……… 大さじ1と1/2

● **作り方**

1 さつまいもは皮のまま1cm厚さの輪切りにする。玉ねぎは1cm幅に切る。

2 鍋にだし汁、さつまいも、玉ねぎを入れ、蓋をして中火で10分ほど煮る。

3 さつまいもに火が通ったらみそを溶く。

みそ汁にも使える！ 簡単にだしを取る方法

だしパックを使う

メーカーによって取り方が違うので、まずはパッケージなどに記載されている方法を確認しましょう。一般的には鍋に水を入れ、だしパックを加えて中火にかけ、煮立ったら少し火を弱めて3〜4分煮出してから、だしパックを取り出します。
商品により塩分が入っているものなどさまざまあるので、調理に使う際は味をみながら調節を。

水出しで取る

水出しで取るだし汁の種類は昆布、干ししいたけ、煮干しなどがあります。文字通り、水に浸して冷蔵庫などに3時間以上、できればひと晩おいておくだけ。水1ℓに対して昆布の場合は10g（10cm）、干ししいたけの場合は10g、煮干しの場合は20gが目安です。昆布は水に入れる前にぬらしたペーパータオルで表面の汚れをふき取り、煮干しは頭とはらわたを取り除くと、苦みや臭みが抑えられます。

簡単！卵料理をマスターしよう

生のままでも、焼いても、ゆでてもどんな調理法でもおいしいうえ、和・洋・中どんな料理にも合う卵。
その使い勝手のよさから冷蔵庫に常備している方も多いでしょう。
普段、何気なく使っている卵ですが、扱い方の基本を知っておけば、
安全・安心に食べることができます。

まずは卵の基礎知識を知っておこう

\ 丸いほうが上！ /
とがったほうが下！

卵の正しい向きと保存法

卵は先がとがったほうと、丸みのあるほうがあります。イラストなどで見かける卵は丸みがあるほうが下、とがったほうが上になっているので、その向きが普通だと思いがちですが、冷蔵庫で保存する場合は先がとがったほうを下、丸みのあるほうを上にするのが正解です。

卵には「気室」という空気の部屋があり、丸いほうを上にしておくと、古くなった黄身が浮かんできても気室に守られて殻にふれることがないため、細菌感染の観点からそちらのほうが安全です。

また、黄身は白いひものようなカラザというもので固定されていますが、丸いほうを上にするとカラザが安定するため、黄身が固定され、破損しにくくなります。市販のパックもその方向で並んでいるため、上下がわからなかったらパックごと保存するのがおすすめです。

卵の保存は常温でも大丈夫なのですが、食品衛生法では10℃以下が望ましいとされているので、できれば冷蔵庫で保存しましょう。常温の場合は風通しのよい冷暗所で。

日本の卵は海外の卵と違い、生で食べることができます。そのため、パックに記載されている賞味期限は「生でも安心して食べられる期限」のこと。賞味期限を過ぎてしまっても、75℃で1分以上加熱すれば大丈夫です。もし過ぎてしまった場合、冷蔵庫保存であれば期限から10日以内に火を通して食べましょう。

知っておきたい 卵のQ&A

Q 卵は洗った
ほうがいい？

A 絶対、洗ってはダメ！殻の表面にある無数の小さな穴から水が内部に入り、かえって細菌を繁殖させることがあります。

Q カラザは
食べてもいい？

A もちろん食べてもOK。ただし、繊細な口当たりを楽しむ卵料理に使うときは取り除くことがあります。

Q 卵を冷凍保存
してもいい？

A 生卵を冷凍すると殻がひび割れて雑菌が繁殖しやすくなるため、衛生上おすすめしません。冷凍保存したい場合は、錦糸卵や炒り卵など加熱したものを。

[卵の割り方]

1 持つ

卵を片手でやさしく持つ。

上下の向きはどちらでもOKです。

2 殻にヒビを入れる

ヒビはこのくらいがベスト！

割るときはボウルなどの角ではなく、机などの平たい面に卵の横側をあててヒビを入れる。

角にあてて割ると殻が入りやすくなってしまいます。

NG!

3 割り落とす

割れたら両手で持ち、割れた面を下に向けてそこが開くようにして卵をボウルに落とす。

[卵の溶き方]

1 カラザを取る

溶きはじめる前にまずカラザを取り除く。

取り除いたほうがなめらかな食感に。卵焼き、茶碗蒸し、プリンなどはカラザがないほうが仕上がりがきれいです。気にならない場合は取り除かなくてもOK。

2 白身を溶く

白身をすくって切るよう溶きほぐす。

カラザを取らない場合、カラザと白身をほぐすようにしてから混ぜると、そのあと全体を溶き混ぜやすくなります。

3 全体を溶く

白身が切れてきたら、箸をボウルの底につけるように全体を溶き混ぜる。

かたさはお好みで!
ゆで卵を作る

「ゆでているときに殻が割れて卵が出てきてしまった……」「半熟にしたかったのに黄身がカチカチ……」
初心者にありがちな失敗は、ちょっとしたことで解決できます。水からゆでる、
お湯からゆでるなど方法がありますが、お湯から入れるほうが黄身のかたさを加減しやすいです。

1 ◦◦◦強火 湯を沸かす

鍋に強火でたっぷりの湯を沸かす。

> 少なくとも、卵の高さよりもやや多めのお湯を鍋で沸かしましょう。

2 ◦◦◦中火 卵を入れる

沸騰したら中火にし、冷蔵庫から出したての卵を穴あき杓子などを使ってそっと入れる。

3 ゆでる

最初の1〜2分は卵をやさしく転がしながら、計7〜10分お好みのかたさにゆでる。

> 卵を入れたらいったん温度が下がりますが、再び温まってコトコトと音がしてきます。グラグラと卵が鍋の中でころがるようであれば火加減が強すぎ。まったく音がしないのは火加減が弱すぎます。

4 冷水に取る

ゆで上がったら氷水に取る。すぐに水の温度が上がるようなら、水を入れ替える。

> 余熱で火が通るのを防ぎます。

5 殻をむく

手で触れるくらい冷めたら、殻を平たい面にぶつけてヒビを入れ、やさしく殻をむく。

> ヒビは細かく入れるほうがむきやすいです。

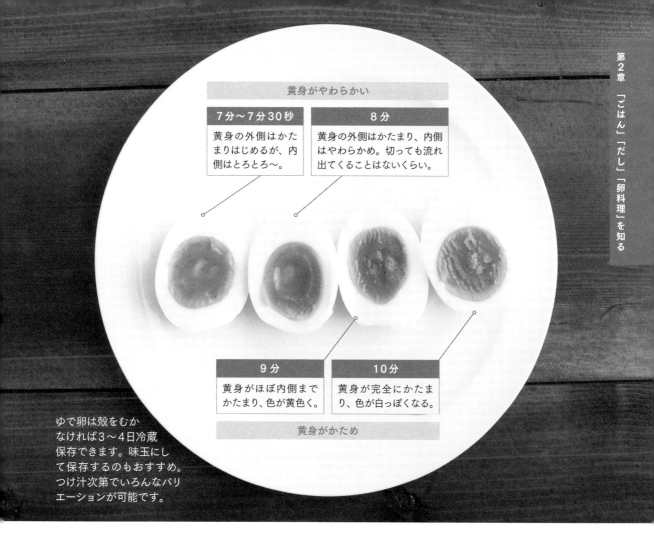

黄身がやわらかい

7分〜7分30秒	8分
黄身の外側はかたまりはじめるが、内側はとろとろ〜。	黄身の外側はかたまり、内側はやわらかめ。切っても流れ出てくることはないくらい。

9分	10分
黄身がほぼ内側までかたまり、色が黄色く。	黄身が完全にかたまり、色が白っぽくなる。

黄身がかため

ゆで卵は殻をむかなければ3〜4日冷蔵保存できます。味玉にして保存するのもおすすめ。つけ汁次第でいろんなバリエーションが可能です。

トッピングやお弁当に万能な「味玉」

● 材料（4個分）

ゆで卵 ························· 4個

A
- しょうゆ、みりん ········ 各1/4カップ
- 酒、砂糖 ··················· 各大さじ1
- 酢 ·························· 大さじ1/2

● 作り方

1 鍋に **A** を入れ、中火にかけてひと煮立ちさせて粗熱を取る。

2 ポリ袋に殻をむいたゆで卵を入れ、1を注ぐ。余分な空気を抜いて口をしばる。

3 冷蔵庫でひと晩以上漬ける。

料理のヒント！

ときどき卵の方向を変えるとムラなく漬かります。2日ほど漬けると黄身まで味が染みて、黄身のとろみも食感が変わってきます。7分30秒ゆでた、黄身がとろとろのゆで卵で作るのがおすすめ。

朝ごはんの定番！
目玉焼きの作り方

ごはんとおみそ汁、そして目玉焼きさえあれば立派な朝ごはんになります。
油の風味が加わると、生ともゆでたときともまた違った香ばしさが食欲をそそります。
カレーや丼もののトッピングとして添えても一気に華やかさがアップする一品です。

1 卵を割る

卵を小さめのボウルに割り入れる。

> いったんボウルに割り入れることで
> 殻の混入や腐敗に気づけます。

2 フライパンを温める　🔥🔥 中火

フライパンにサラダ油大さじ1/2を
ひいて中火で熱し、フライパンが温
まるまで15〜30秒待つ。

3 卵を入れる

温まったら卵をそっと入れる。

4 蒸し焼きにする

白身のふちがかたまってきたら、フライパンの空いたスペースに水少々を加
えて蓋をし、蒸し焼きにする。

> 半熟に仕上げたいなら水大さじ1で1分30秒。かた焼きなら水大さじ3で3分
> 加熱しましょう。

\ 黄身をとろとろに
仕上げたい場合は…… /

黄身をとろとろに仕上げたいなら水
と蓋はなしで、そのまま3〜4分ほ
ど焼いてください。白身が焦げつか
ないよう注意して。

5 水気を飛ばす

蓋を取って水気を飛ばす。

蒸し焼きすることで
全体的に火が通る

黄身がぷるぷるで
トッピングとしても◎！

目玉焼き味変バリエーション

定番にして王道！
しょうゆ

洋風にいきたいときは
トマトケチャップ

スパイシーな香りがいい！
カレー粉＆塩

さっぱり食べたいときに
酢じょうゆ

たまにはアジアン気分で♪
スイートチリソース

ごはんが進む濃厚味！
オイスターソース

プロ並みの仕上がり！
スクランブルエッグを作る

絶妙な火加減でとろりとしたレストランのようなスクランブルエッグがおうちでも簡単に作れます。
この作り方を知っておけば、とろとろ半熟卵がのったオムライス、
ふんわり卵をキープしたニラ玉など、卵を使ったほかの料理にも応用できます。

● 材料（2人分）

卵 ················· 4個
牛乳 ········· 大さじ4
塩 ········· ふたつまみ
バター ··········· 20g

1 卵液を作る

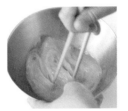

ボウルに卵を入れて溶きほぐす。

牛乳を加えてさらに混ぜ合わせる。

> 牛乳を生クリームに変えると、よりコクが出てクリーミーな仕上がりになります。

塩を加えて混ぜ合わせる。

2 中火 バターを溶かす

フライパンにバターを入れて中火で熱する。

3 卵液を加える

バターが溶けたら1を流し入れ、そのまま30秒ほどおく。

4 卵を混ぜる

フライパンのふちや底面の卵がかたまりはじめたら、それをはがしながら外側から内側に円を描くように大きく混ぜる。

> 大きく混ぜることでかたまっていない卵液がフライパンの端や底面に流れてかたまりはじめます。

これを繰り返し、お好みのかたさになるまで火を通す。

濃厚でとろ～り、なめらか
朝食がワンランク上の味に

スクランブルエッグ
アレンジ

ボリュームを出したり、味に変化をつけたりしたいときは、粉チーズやシュレッドチーズ、ゆでたほうれん草や角切りにしたトマトを加えても◎。チーズは**3**の工程で、野菜はお好みで先にソテーするか、卵と一緒に加えます。

朝食にぴったり！「スクランブルオープンサンド」

● 材料（1人分）

スクランブルエッグ ………………… 適量
食パン …………………………………… 1枚
ベビーリーフ …………………………… 適量
トマトケチャップ、ドライパセリ
……………………………… お好みの量

● 作り方

1 食パンはトーストする。

2 1にベビーリーフ、スクランブルエッグの順にのせる。

3 トマトケチャップをかけ、パセリをふる。

料理のヒント！

野菜はレタスなどあるものでOK。チーズやハム・ソーセージなどを加えるとボリュームも豪華さもアップします。

料理にかんする用語辞典 ◦ 2

レシピのなかには、料理特有の用語や言い回しが出てきます。
そこで、4回に分けて基本的な料理用語を紹介！ 調理をはじめる前にわからない用語を確認し、
調理中に戸惑うことをなくしましょう。パート2では、さ行・た行の用語を紹介します。

【さ行】

サッと

「サッと炒める」「サッと混ぜる」など、短時間で軽く行うこと。食材の火の入りやすさなどによって加減する。

下味をつける

調理に入る前の生の状態のときに、あらかじめ塩・こしょうをふっておいたり、合わせ調味料に漬けておいたりすること。肉や魚の臭み取りや、身をやわらかくする効果がある。

下ごしらえ

材料をゆでたり、切ったり、戻したり、調理をする前に必要な準備のこと。料理の完成を大きく左右する重要な工程。食材ごとの下ごしらえの例は18〜23ページ参照。

室温に戻す

肉や魚、バターなどを調理前に冷蔵庫から出しておいて常温に戻すこと。肉や魚は火が入りやすくなり、バターはやわらかくなって扱いやすくなる。「室温におく」ともいう。

しんなりする

野菜などのかたさがなくなり、しなやかな状態になること。塩をふって水分を出したり、加熱したりするとしんなりした状態になる。

透き通るくらい

玉ねぎなどを炒める際の目安。ある程度火が通って白さがなくなり、表面に透明感が出てきた頃合いを指す。

筋切り

肉のかたい筋を調理前に切っておく下ごしらえのこと。赤身と脂身の境にある白い筋に数か所切れ込みを入れる。焼き縮みを防ぎ、食感もやわらかくなる。

背開き

小型の魚の背から包丁を入れ、腹側の皮を残して開くこと。アジの背開きは19ページ参照。

繊維に沿って切る

縦に走っている野菜の繊維と水平に切ること。細胞を壊さないので辛みや苦みを感じにくく、食感も残りやすい。

繊維を断つように切る

縦に走っている野菜の繊維に対して垂直に切ること。水分が出やすく、食感もやわらかくなる。火も入りやすい。

【た行】

ダマになる

液体のなかで粉が溶けきらず、かたまりになって残っていること。水溶き片栗粉やホワイトソースなどで起こりやすい。あらかじめ粉をふるっておいたり、少しずつ加えながら混ぜたりすることで防ぐことができる。

漬ける（漬け込む）

調味料を混ぜたバットやボウルに食材を入れて時間をおき、味を染み込ませること。下味ではなく、漬物などで長期間保存する場合は保存容器の殺菌が必要（30ページ参照）。

適宜

それぞれの好みで必要に応じて使うこと。

適量

料理に合わせたちょうどよい量。

とろみをつける

スープやソースに軽く粘度をつけること。おもに水溶き片栗粉を加えてとろみをつける。具に絡みやすくなる、冷めにくくなるなどの効果がある。

第3章

＼ ほっと安らぐ家庭の味 ／

だしの旨みと
旬を味わう
「和」のおかず

甘辛いたれでごはんが進むしょうが焼き、
しっかり味が染みた煮物、
野菜がたっぷり食べられるあえ物や豚汁、
ボリューム満点の丼もの。
だしがきいてやさしく、旨みもたっぷり、
かつ栄養バランスもバッチリ。
家庭料理のベースとなるのが和のおかずです。
食べてほっと癒やされ、元気になるような定番のおかずを揃えました。

豚肉のしょうが焼き

豚肉はすりおろした玉ねぎとしょうがで漬け込むことでやわらかに。
先に漬け込んだ豚肉だけを焼き、玉ねぎとしょうがを戻し入れて炒めることで、
玉ねぎの甘み、しょうがの風味が加わり、ワンランク上の味に仕上がります。

調理時間 **15** 分
（豚肉を漬け込む時間は除く）

26〜28cm
フライパン

● 材料（2人分）

豚ロース薄切り肉（しょうが焼き用）
.... 8枚（200g）
玉ねぎ 1/4個
しょうが 20g
酒 大さじ1
A ┌ しょうゆ 大さじ2
　　│ 酒、みりん 各大さじ1
　　└ はちみつ（または砂糖）‥小さじ2
サラダ油 小さじ2
キャベツ（せん切り）、ミニトマト
.... 各適量
塩 .... ひとつまみ
こしょう .... 少々

1 豚肉の 下ごしらえ

豚肉は筋を切り、塩・こしょうをふり、バットに並べる。

> 筋は赤身と脂肪の境目にあります。筋を切らずに焼くと縮んで丸まってしまい、形が悪くなるだけでなく、味も均一に絡みません。

2 豚肉を 漬け込む

玉ねぎとしょうがはすりおろし、酒を加えて混ぜ、1にかけて15分ほど漬け込む。

3 🔥🔥 中火 豚肉を焼く

フライパンにサラダ油をひいて中火で熱し、2の汁気をヘラなどでぬぐってから重ならないよう並べて焼く。約1分ずつ両面を焼いたら、新しいバットにいったん取り、ペーパータオルでフライパンの余分な油や焦げを取り除く。

> フライパンが小さくて並び切らない場合は2回に分けて焼くなど、必ず肉が重ならないようにしてください。

4 たれを絡める

フライパンに2のバットの残った汁を加え、サッと炒める。

豚肉を戻し入れ、Aを加える。

フライパンを前後にゆすりながら煮汁を煮立たせ、肉に絡める。

> みりんなどの調味料はゆすることで照りが出るため、しっかりとフライパンをゆすりましょう。

5 盛りつける

器にキャベツとミニトマトを盛り、4を盛る。

料理のヒント！

豚肉とすりおろし玉ねぎを一緒に漬けることで、
肉をやわらかくする効果があります。
おろし玉ねぎは焼くと焦げやすいので、
肉を焼くときにはヘラなどでぬぐっておきましょう。

肉じゃが

玉ねぎをはじめに炒めることで、玉ねぎ自体の自然な甘みが活かせます。
アクはなるべく取り除きましょう。見た目がきれいに仕上がるだけでなく、
牛肉の臭みが取り除かれ、スッキリとクリアな味に仕上がります。

調理時間 **30** 分

20cm鍋

材料（2〜3人分）

牛切り落とし肉 ················· 150g
じゃがいも ········· 2〜3個（400g）
玉ねぎ ······················· 1/2個
しらたき ······················ 100g
絹さや ·························· 6枚
サラダ油 ···················· 小さじ2
A しょうゆ ·················· 大さじ3
　砂糖、みりん、酒 ····· 各大さじ2

1 じゃがいもと玉ねぎを切る

じゃがいもは皮をむき、やや大きめのひと口大に切る。水を張ったボウルに浸す。玉ねぎはくし形に切る。

> じゃがいもは芽があれば包丁の柄に近い部分の角を使うか、ピーラーについている突起の部分を使い、取り除いてください。

2 しらたきを下ゆでする

しらたきはざく切りにし、鍋に湯を沸かして2分ほどゆで、ザルにあげて水気を切る。

> しらたきにはアクや臭みがあるので下ゆでして取り除きます。ザルにあげておくと余分な水分が取れ、味が染み込みやすくなります。

3 ◑◑ 中火 野菜を炒め、水を加える

鍋にサラダ油をひいて中火で熱し、玉ねぎを炒める。しんなりして透明感が出たら水気を切ったじゃがいもを加えて全体をサッと炒める。

油が全体になじんだら、ひたひたの水（分量外・2カップ目安）を注ぐ。

4 肉を加える

温まってきたら牛肉を1枚ずつ広げながら加える。アクが出たら取り除く。

> 3枚ほど入れ、ある程度肉の色が変わったらザッと混ぜて次を入れてください。ギュッとかたく縮まらずに、味が染み込みやすくなります。

5 調味料を加えて煮る

しらたきを加えて全体を混ぜたら **A** を加え、落とし蓋をして10分ほど煮る。

> クッキングシート落とし蓋の作り方は28ページ参照。

6 汁気を飛ばす

じゃがいもに竹串などを刺してスッと通ったら絹さやを加える。蓋をしないでさらに1〜2分煮て、汁気を飛ばしたら火を止める。

鶏のから揚げ

深型のフライパンを使うことで、揚げ油も最小限に。揚げ物のハードルも低くなります。
片栗粉と小麦粉どちらも使うことで、衣がカリッとふっくら。
揚げたてはもちろん、冷めてもおいしいのでお弁当のおかずにもおすすめです。

● 材料（2人分）

鶏もも肉 ……………… 1枚（300g）	片栗粉、小麦粉 ……… 各大さじ2
塩 ………………… 小さじ1/4	揚げ油 …………………… 適量
こしょう ………………… 少々	レモン …………………… 1/4個
A〔 しょうゆ、みりん、酒 ………………… 各小さじ2	パセリ …………………… 適量
にんにく（すりおろし）、しょうが（すりおろし） ………………… 1/2かけ分	

調理時間
30分
（鶏肉を漬け込む時間は除く）

24cm深型
フライパン

1 肉の下ごしらえ

鶏肉は余分な筋や脂があれば取り除き、ひと口大に切る。

ボウルに入れ、塩・こしょうをふって手で全体をもむ。

Aを加え、鶏肉と混ぜ合わせて室温で30分ほど漬ける。

> 中が冷たいと火が通りにくくなります。夏場で心配な場合は15分冷蔵庫、その後に室温に戻すなどするといいです。

2 衣づけする

1をザルにあげて汁気を切る。別のボウルに入れ、片栗粉と小麦粉を加えて全体にまんべんなくまぶすように混ぜ合わせる。

3 揚げる

🔥🔥🔥 中火

フライパンに揚げ油を3cmほどの深さに注ぎ、中火で熱する。170℃くらいになったら2を1個ずつ入れる。衣がカリッとしてきたら裏返し、全体で5分ほど揚げる。

> 鶏肉を入れると油の温度がいったん下がりますが、強火にしたりせずに、自然に温度が上がるのを待ちます。

4 余熱で火を通す

鶏肉をいったん取り出して網やペーパータオルの上で油を切り、3分ほど休ませて余熱で中まで火を通す。その間に油は180℃まで熱する。

5 二度揚げする

鶏肉を再び入れ、2分ほど全体がカリッと色よくなるまで揚げ、油をよく切る。

6 盛りつける

5を器に盛り、くし形に切ったレモンとパセリを添える。

料理のヒント!

揚げる際は、衣がはがれるのでできるだけ鶏肉には触れないようにしましょう。表面がカリッとするまでじっくり待ちます。

鶏の照り焼き

押しつけて皮目をしっかり焼きつけることで、たれを絡めてもパリッと香ばしい！
照りが出た甘辛いたれで白いごはんがどんどん進みます。
つけ合わせのピーマンは冷蔵庫にあるものや、旬の野菜に変えても OK。

調理時間
10
分
（鶏肉を室温に戻す時間は除く）

24cm
フライパン

● 材料（2人分）

鶏もも肉 ················· 1枚（300g）
サラダ油 ······················ 少々
A ┌ しょうゆ、みりん、酒
  │ ················ 各大さじ1と1/2
  └ 砂糖 ················· 大さじ1/2
ピーマン ······················ 3個

● 作り方

1 肉の下ごしらえ

鶏肉は室温に15〜30分おく。余分な脂があれば取り除き、皮目にフォークを数か所刺す。

> 焼くときに皮が縮みにくくなります。

2 ピーマンを切る

ピーマンは半分に切り、種を取り除く。

3 皮目を焼く

💧💧💧 中火

フライパンにサラダ油を薄くひいて中火で熱し、皮目を下にして入れる。途中出た脂をペーパータオルで吸い取り除きながら4分ほど焼く。

> 少し縮んで凸凹してくるので、ヘラなどで押さえながら焼くと皮目全体がカリッと焼けます。

4 裏返して焼く

裏返しさらに4分ほど焼く。ピーマンはフライパンの空いたスペースに加えて一緒に焼き、火が通ったら取り出す。

5 たれを絡める

残った鶏肉に合わせたAを加え、フライパンをゆすったり、スプーンでたれをすくってかけるか上下を返したりしながら、全体に絡める。

6 盛りつける

5を食べやすく切って、ピーマンとともに器に盛り、フライパンに残ったたれをかける。

料理のヒント！

フライパンは大きすぎないほうが◎。大きすぎるとたれを入れたときに焦げつきやすくなりますが、小さすぎても照りがつけにくくなるので直径24cmがベストです。

とんかつ

家庭でサクッと揚げるのは難しいと思われがちですが、コツをつかめば簡単。
豚肉を軽くたたいておくことでジューシーでやわらかな口当たりに。
揚げたては格別のおいしさなのでぜひ挑戦してみましょう。

調理時間
15
分

（豚肉を室温に戻す時間は除く）

24cm深型
フライパン

● 材料（2人分）

豚ロース厚切り肉（とんかつ用）
………………………… 2枚
塩 ……………………… ふたつまみ
こしょう ………………………… 少々
小麦粉 ……………………… 大さじ1
A[溶き卵 ……………………… 1/2個分
　水 …………………… 大さじ1/2

パン粉 …………………………… 適量
揚げ油 …………………………… 適量
キャベツ（せん切り）、
　きゅうり（斜め薄切り）…… 各適量

● 作り方

1 肉の下ごしらえ

豚肉は室温に15分ほどおく。筋を切り、肉たたきでたたき、塩・こしょうをふる。

> 肉たたきがなければ、すりこぎやめん棒、包丁の背の部分でたたくか、包丁の先で刺すようにしてもOK。

2 衣づけをする

小麦粉、混ぜ合わせた A、パン粉の順に衣をまぶす。

> パン粉は最後少し押さえつけるようにしてしっかりとつけてください。

3 揚げる 　🌢🌢 中火

フライパンに揚げ油を2～3cm深さに入れて中火で熱し、170℃になったら2を入れる。2分ほどしたら裏返し、さらに3分ほど揚げる。

全体がきつね色になったらバットに取って油を切る。

> 油から引き上げたとんかつは、バットのふちに立てかけるようにすると、油が切れやすいです。

4 盛りつける

器にキャベツときゅうりを盛り、食べやすく切ったとんかつを盛る。お好みで練りからし、とんかつソース、塩など（各分量外）をかける。

料理のヒント！

衣は小麦粉、溶き卵、パン粉をそれぞれまんべんなくまぶしましょう。きちんとまぶせていないと、そこから旨みが流れ出てしまったり、焦げやすくなったり、油が汚れたりする原因になります。

肉団子甘酢あん

ジューシーな肉だねは、シャキシャキの玉ねぎがアクセント。
揚げることで外はカリッ、中はふんわり、食べごたえも抜群です。
今回は和風の甘酢あんですが、野菜と合わせて酢豚風にするのもおいしい！

調理時間 **30** 分

24cm深型
フライパン

18cm鍋

● 材料（2人分）

豚ひき肉 ………………………… 200g	トマトケチャップ ……… 小さじ2
玉ねぎ …………………………… 1/2個	酒、しょうゆ、酢 …… 各大さじ1
しょうが ………………………… 1かけ	**A** 砂糖 ……………… 小さじ1と1/2
酒 ………………………… 大さじ1/2	水 ………………………… 大さじ2
片栗粉 …………………… 大さじ2	片栗粉 …………………… 小さじ1
塩 ……………………… ひとつまみ	サニーレタス ………………… 適量
こしょう …………………………… 少々	
揚げ油 ……………………………… 適量	

● 作り方

1 野菜の下ごしらえ

玉ねぎとしょうがはみじん切りにする。

2 肉だねを作る

ボウルにひき肉と塩・こしょうを入れ、よく練り合わせる。

> ひき肉はほかの材料を加える前にねばりが出るまで練っておくことで、つながりがよくなり、なめらかな食感になります。

ねばりが出てきたら**1**、酒、片栗粉を加えてさらに練り合わせ、ひと口大に丸める。

3 揚げる 🔥🔥🔥 中火

フライパンに揚げ油を3cmほど入れて中火で熱し、170℃になったら**2**をカリッと色よくなるまで8分ほど揚げて油を切る。

4 たれを作る 🔥 弱火

鍋に**A**を入れ、混ぜながら弱火にかけてとろみをつける。

5 たれに絡める

4に**3**を加えて絡め、サニーレタスを器に敷いて肉団子をのせる。

サンマの塩焼き

下ごしらえを終えればあとは焼くだけ！
ワタの好みやグリルの大きさに合わせて下ごしらえの方法を選びましょう。
大根おろしとかんきつの爽やかさでさっぱり食べられます。

調理時間
15
分

● 材料（2人分）

サンマ	2尾
塩	適量
サラダ油	少々
大根おろし、すだち（またはかぼす）	各適量

70

1 サンマの下ごしらえ（18ページも参照）

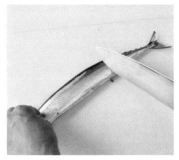

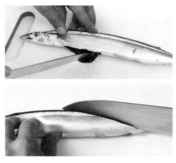

サンマを洗う。水揚げ時点でほぼうろこは取れているが、手で触ってみてついていないか確認する。青いうろこがついていれば包丁の背でなでるようにして取る。**好みに応じてワタを取り除く。**

> 今回はワタもそのまま焼きます。

● **ワタを取り除く場合（上）**
はじめに腹側に切り込みを入れ、そこからワタをかき出す。腹の中、表面をよく洗う。
● **半分に切って焼く場合（下）**
肛門より尾側に切り口がくるように斜めに切るとワタが流れ出さずに焼ける。

● **頭を切り落として
ワタを取り除く場合**
肛門よりも1cmほど腹側に切り込みを入れる。頭のつけ根を腹側半分ほど残して骨まで切り、頭を押さえて身側を横に引っぱると、**頭と一緒にワタも引き出される。**

> グリルに並べやすく、盛りつけや食べる際も上品に見えます。

2

水気をペーパータオルで吸い取り、塩の分量を決めるために重さをはかっておく。身に横に**切り込みを入れる。**

> 切り込みは火が通りやすく、箸でほぐして食べやすくするために入れます。

3

さんまの重量の1%の塩をふって15分ほどおく。表面に水分が出てきたら、ペーパータオルで押さえて吸い取る。

> 塩は両面にまんべんなく、身の太い所に多めにふるといいです。身の厚い魚の場合は塩は2%です。

4 焼く　♦♦♦ 強めの中火

魚焼きグリルに刷毛でサラダ油を薄く塗り、2分ほど温めてから**3**をのせる。強めの中火で8〜10分焼く。

5 盛りつける

器に盛り、大根おろし、くし形に切ったすだちを添える。

料理のヒント！

焼く際、グリルが両面焼きの場合は、盛りつけたときに頭が左にくるように網にのせます。熱源が片面（上面のみ）の場合や、フライパンで焼く場合は、頭が右側になるようにのせて焼きはじめ、途中で返します。裏返す際はつつきすぎないようにしましょう。

サバのみそ煮

煮魚は深さのある鍋よりも、底が広く浅いフライパンのほうが、魚が重ならず、身が崩れにくいです。
ですが、あまり大きなフライパンで作ると煮汁にしっかりと漬からなかったり、
水分の蒸発が早すぎてよく煮えないうえに味が濃くなったりしてしまいます。

● **材料（2人分）**

サバ（半身）‥‥‥‥‥‥2枚
しょうが‥‥‥‥‥‥‥1かけ
酒‥‥‥‥‥‥‥‥‥1/2カップ
砂糖、みりん‥‥各大さじ1
しょうゆ‥‥‥‥大さじ1/2
みそ‥‥‥‥‥‥‥‥大さじ2

調理時間
20
分

24cm
フライパン

● 作り方

1 サバの下ごしらえ

サバは半分に切り、十字に切り込みを入れる。

ボウルに入れて熱湯を回しかけ、表面が少し白くなったら流水を足しながらよく洗い、ぬめりや血などを取り除く。

水気を切り、ペーパータオルで押さえて水分を吸い取る。

2 ♨♨♨ 強火　♨♨ 中火
サバを煮る

フライパンに皮つきのまま薄切りにしたしょうが、酒、水（分量外・1と1/2カップ）を入れ、強火にかける。

> 水の分量はサバを入れたときにひたひたになるくらいが目安です。

煮立ったら中火にし、サバの皮目を上にして並べる。

煮立ってアクが出たら取り除く。

3 調味料を加えて煮る

4 仕上げにみそを加える

砂糖、みりん、しょうゆを順に加え、みその半量を溶かし入れる。落とし蓋をして5分ほど煮る。

煮汁が半量ほどになったら残りのみそを加えて溶き、火を止める。器に盛りつけて煮汁をかける。

料理のヒント！

みそを2回に分けて入れるのは、1回目はサバに味を染み込ませるため、2回目はみその風味をつけるためです。
みそはグラグラ煮ると風味がなくなるので、2回目を入れたら火を止めます。

ブリ大根

いったん冷ますことで、味がしっかりと染み込みます。
すぐに食べたいときは、落とし蓋を取ったあと、
仕上げに鍋をゆすりながらさらに5分ほど煮詰めましょう。

調理時間
50
分

20cm鍋

材料（2人分）

ブリのアラ	300g
大根	1/2本
しょうが	2かけ
塩	小さじ1/2
酒	1/2カップ
砂糖	大さじ2
しょうゆ	大さじ3

1 ブリの下ごしらえ

ブリはボウルに入れて塩をふり、手でもんで10分ほどおく。熱湯を回しかけ、表面が少し白くなったら流水を足しながらよく洗い、ぬめりや血などを取り除く。ペーパータオルで押さえ、水気を吸い取る。

2 大根を切る

大根は2.5cm厚さの輪切りにし、厚めに皮をむき、半分に切る。

3 しょうがを切る

しょうがは半分は皮つきのまま薄切り、残りは皮をむいてせん切りにする。

4 鍋に材料を入れる

鍋に大根を並べ、ブリをのせ、薄切りにしたしょうがをのせる。酒を加えてから、水(分量外・3カップ目安)をひたひたに加える。

5 ブリを煮る

♦♦♦ 強火　♦♦ 中火

強火にかけ、煮立ってアクが出てきたら取り除く。

落とし蓋をして中火で15分ほど煮る。

6 調味料を加えて煮る

大根に火が通ったら砂糖をふり、鍋をゆすって全体に溶かす。

> 大根に火が通っているかどうか心配であれば、竹串を刺して確認しましょう。

再び落とし蓋をして5分ほど煮たらしょうゆを加えて鍋をゆすり、落とし蓋をしてさらに5分ほど煮る。

> 火を止めたあとにしっかり冷まし、味を染み込ませます。

7 盛りつける

温めなおして器に盛り、せん切りにしたしょうがをのせる。

料理のヒント!

ブリはアラだけだと食べられる部分が少ないですが、身だけだと旨みがなく、パサついた印象になります。食べごたえがあるほうがお好みでしたらアラと切り身を用意しましょう。切り身は塩をふる前に食べやすい大きさ(1/3等分程度)に切ります。

難易度：★☆☆

イワシの梅煮

煮詰め加減はお好みで！
5分ならあっさり、10分ならこっくりした味になります。
しょうがと梅の風味でさっぱりし、食べ飽きません。

調理時間
25
分

20cm
フライパン

● 材料（2人分）

イワシ	4尾
梅干し（塩分7%）	2個
しょうが	1かけ
酒	1/4カップ
砂糖、みりん	各大さじ1
しょうゆ	大さじ2

1 イワシの下ごしらえ（18ページも参照）

イワシは包丁の刃で表面をこすって黒うろこを取り除く。

頭と尾を切り落とし、腹は斜めに切り落としてからワタをかき出す。

腹に指を入れて血や残ったワタをよく洗い流す。ペーパータオルで押さえて水分を吸い取る。

> 頭を落とす際はエラビレを立たせて根元に斜めに包丁を入れ、裏返して反対側も同様にします。

2 しょうがを切る

3 煮る

🔥🔥🔥 強火　🔥🔥 弱めの中火

しょうがは皮つきのまま薄切りにする。

フライパンに1を並べ、2と梅干しを入れる。酒を加えてからひたひたの水（分量外・3/4カップ目安）を注ぎ、強火にかける。

煮立ったらアクを取り除き、弱めの中火にして落とし蓋をして5分煮る。

4 調味料を加えて煮詰める

🔥🔥 弱めの中火

砂糖、みりん、しょうゆの順に加え、落とし蓋をして弱めの中火のままさらに5〜10分煮詰める。

> 調味料を加えるごとに、フライパンを少しゆすって全体に溶かすようにします。

料理のヒント！

使う梅干しが塩漬けかはちみつ漬けかにより、砂糖やしょうゆの分量を加減しましょう。

難易度：★★☆

かき揚げ

難易度が高いと思われがちなかき揚げですが、
実はそんなに難しくありません。
冷めないうちにサクサクを食べられるのは手作りならではです。

調理時間
25
分

24cm深型
フライパン

● **材料（2人分）**

玉ねぎ	1個
三つ葉	30g
むきエビ	100g
片栗粉	大さじ1
溶き卵	大さじ2
小麦粉	60g
揚げ油	適量
大根	150g
めんつゆ、塩	各適量

1 材料の下ごしらえ

エビは背ワタを取り除く。玉ねぎは繊維に沿って薄切りにする。三つ葉は3cm幅のざく切りにする。

ボウルに入れ、片栗粉を加えてさっくりと混ぜ合わせる。

> 片栗粉をまぶしておくと、衣がつきやすくなります。

2 衣を作る

計量カップに溶き卵を入れ、冷水（分量外）を加えて分量を1/2カップにし、混ぜ合わせる。別のボウルに入れ、小麦粉を加えてさっくりと混ぜ合わせる。

> あまり混ぜすぎるとねばりが出てしまいます。少し粉っぽさが残っているくらいでOK。

3 揚げる　◊◊◊ 強めの中火

フライパンに揚げ油を3cmほど入れ、強めの中火で170℃程度に加熱する。

2のボウルに1を加えてさっくりと混ぜる。おたまや大きめのスプーンなどで適量を取り、すべらせるようにして油に入れて形をととのえる。片面1分ほど揚げ、カリッとしたら裏返してさらに1分ほど揚げ、油を切って引き上げる。同様に数個揚げる。

> つつき回してととのえるというより、ある程度かたまるまで菜箸ではさんで押さえる感じです。

4 大根をすりおろす

大根はすりおろし、ザルにのせて手で押さえるようにして汁気を絞る。

> 汁気を絞らないとめんつゆの味が薄くなりますが、絞りすぎても大根のみずみずしさや辛みが抜けてしまうのでほどほどに。

5 盛りつける

器にかき揚げを盛り、塩を添える。別皿に大根おろしとめんつゆを盛る。

料理のヒント！

大根は葉っぱ側の上部が一番甘みがあり、次に真ん中、先が一番辛く、水分が少ないです。お好みもあると思いますが、上部か真ん中をすりおろすのがおすすめです。

アジフライ

背開きをマスターすれば肉厚で食べごたえのあるアジフライに。
はじめは難しいかもしれませんが、だんだん上手に開けるようになります。
一口齧ればおいしさが口いっぱいに広がります。

調理時間
30
分

24cm深型
フライパン

● 材料（2人分）

アジ	2〜4尾	キャベツ（せん切り）	適量
小麦粉	大さじ1	ソース（お好みで）	適量
A［溶き卵	1個分		
［水	大さじ4		
パン粉	1カップ		
揚げ油	適量		

● 作り方

1 アジの下ごしらえ（19ページも参照）

アジは包丁の刃先でこすって細かいうろこを取り除き、尾側から包丁を入れてぜいごを取り除く。エラの下に刃先を入れて頭を切り落とす。ワタをかき出し、よく洗う。

背側から中骨に沿って包丁を入れて開く。中骨がついた側も骨に沿って包丁を入れて開き、中骨がほぼ身から離れたら、骨を切り落とす。腹のあたりのトゲを包丁で押さえながら取り除く。腹骨に沿って包丁を入れる。骨抜きで小骨を取り除く。ペーパータオルでしっかりと水気を吸い取る。

2 衣をつける

1に小麦粉をまぶす。薄く全体にまぶしたらよく混ぜ合わせたA、パン粉の順にまぶす。

> どれもまんべんなくまぶすことで、揚げたときに衣がはがれにくくなります。パン粉は手でギュッと押さえてしっかりつけます。

3 揚げる

🔥 強めの中火

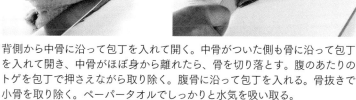

フライパンに油を3cmほど入れて強めの中火で170℃に熱し、2を揚げる。2分ほどして下面がきつね色の少し手前、カリッとした感じになってきたら裏返し、さらに1〜2分揚げる。

4 盛りつける

3を器に盛り、キャベツを添える。お好みでソースをかける。

料理のヒント！

アジの背開きが難しい場合は3枚おろしにするのもおすすめです。食べごたえは減りますが、揚げる際にも揚げやすくなります。

鮭の南蛮漬け

揚げた鮭を熱々のうちに漬けるので、南蛮酢ははじめに作っておきます。
できたてをすぐに食べてもいいですが、冷蔵庫で数時間おいて
よ〜く冷やしてから食べるのもまた違ったおいしさです。

調理時間
30
分
（漬け込み時間は除く）

24cm深型
フライパン

18cm鍋

● 材料（2〜3人分）

生鮭（切り身）	3切れ	昆布だし	1/2カップ
玉ねぎ	1/2個	酢	大さじ5
ピーマン	2個	しょうゆ、みりん、酒	
塩	適量		各大さじ1
小麦粉	大さじ1	砂糖	大さじ2
揚げ油	適量	塩	小さじ1/4
		赤唐辛子（小口切り）	
			ひとつまみ

（A：昆布だし〜赤唐辛子の欄）

● 作り方

1　♦♦♦ 強火
南蛮酢を作る

鍋で**A**を混ぜ合わせ、強火にかける。フツフツと煮立ったら火を止め、バットなどの耐熱容器に移して粗熱を取って冷ます。

2　野菜の下ごしらえ

玉ねぎは繊維を断つように薄切りにし、塩ひとつまみをふってもみ、10分ほどおいてから洗って水気をしっかりと絞る。ピーマンはヘタと種を取り除き、繊維に沿って薄切りにする。どちらも**1**に加える。

3　鮭の下ごしらえ

鮭は塩ひとつまみをふって10分ほどおき、ペーパータオルで水分を吸い取る。2〜3等分に切り、小麦粉を薄くまぶす。

4　♦♦ 中火
鮭を揚げて漬ける

フライパンに油を3cmほど入れて中火で170℃に熱し、**3**を入れ、5〜6分かけて揚げる。カリッとなったら引き上げ、**2**に加えて漬ける。

料理のヒント！

昆布だしの作り方は47ページの水出しの方法を参照。
すぐに使いたい場合は、昆布を30分ほど水にひたしておいてから鍋に移し、弱めの中火で10分程度加熱します。沸騰直前で昆布を取り出し、火を止めれば完成です。

筑前煮

味がしっかり染みた筑前煮は家庭料理の代表格。
材料の下ごしらえが大変ですが、その後はたったの3工程！
しみじみおいしい一品です。

調理時間
35
分

20cm鍋

● 材料（2～3人分）

鶏もも肉	1枚（250g）	絹さや	6枚
ごぼう	100g	ごま油	小さじ1
れんこん	100g	だし汁	2カップ
こんにゃく	100g	酒	大さじ1
にんじん	1/2本	砂糖	大さじ1
しいたけ	4枚	みりん、しょうゆ	各大さじ2

● 作り方

1 材料の下ごしらえ

- 鶏肉はひと口大に切る。
- ごぼうは包丁の背を使って皮をこそげ落とし、乱切りにし、水にさらす。
- れんこんは皮をむいて縦4つ割りにしてから乱切りにし、水にさらす。
- こんにゃくはスプーンでひと口大にちぎり、鍋に入れてひたひたの水を注ぎ、強火にかける。沸騰したら中火で2分ほどゆでてザルにあげて水気を切る。
- にんじんは皮をむいて乱切りにする。
- しいたけは石づきと軸を切り落として4等分に切る。
- 絹さやは筋を取り除く。

2 🔥🔥 中火 具材を炒める

鍋にごま油をひいて中火で熱し、鶏肉を炒める。表面の色が変わってきたら、水気を切ったごぼう、れんこん、こんにゃく、にんじん、しいたけを加えて炒め合わせる。

3 🔥🔥 中火 煮る

全体に油がまわったらだし汁、酒を加える。煮立ったらアクを取り除き、落とし蓋をして中火で5分ほど煮る。5分たったら砂糖、みりん、しょうゆを順に加え、再び落とし蓋をし、5～8分煮る。

4 🔥🔥🔥 強めの中火 煮詰める

落とし蓋を取り、絹さやを加えて少し火を強め、ときどき鍋をゆすったり全体を混ぜたりして照りを出すようにしながら煮汁が少なくなるまで煮詰める。

> 少し汁気が残るくらいが目安です。

料理のヒント！

れんこんは水にさらすとホクホクとした食感になり、酢水にさらすとシャキシャキした食感になります。
酢水にさらすと変色を防いできれいに仕上げることができますが、筑前煮のようにしょうゆで味つけする料理は見た目にかかわらないので、好きな食感で選びましょう。
酢水の場合は3％程度の濃度（水1カップに対し酢小さじ1目安）で10～15分さらします。

揚げだし豆腐

外はカリッ、中はふわふわ！
一口齧ればだしの旨みが口の中に溢れます。
青ねぎと大根おろしで見た目も◎

調理時間
30
分

18cm鍋

24cm深型
フライパン

● 材料（2人分）

木綿豆腐 ……………… 2/3丁（200g）	揚げ油 …………………………… 適量
片栗粉 …………………………… 大さじ2	大根おろし ……………………… 適量
だし汁 ………………… 3/4カップ	青ねぎ（小口切り）…………… 適量
A しょうゆ ……………… 小さじ1	
みりん ………………… 大さじ1	
塩 ……………………… 小さじ1/3	

● 作り方

1 豆腐を水切りする

豆腐はペーパータオルで包み、重しをして10分ほどおいて水気を切る。

> 重しは豆腐のセンターにくるように置きます。

2 つゆを作る

鍋に**A**を合わせ、ひと煮立ちさせる。

3 豆腐を衣づけする

1を4等分に切り、片栗粉をまぶす。

> 6面しっかりとつけましょう。

4 豆腐を揚げる
♦♦ 中火

フライパンに油を3cmほど入れて中火で熱し、170℃になったら3を揚げる。2分ほどしたら上下を返し、さらに2分ほどカリッとするまで揚げて、バットにあげて油を切る。

5 盛りつける

器に4を盛り、2のつゆをかける。大根おろしを添え、青ねぎを散らす。

料理のヒント！

豆腐の重しの目安は、豆腐の重さと同じ〜2倍ほど。あまり重すぎると形が崩れたり、食感がふわっとせずかたくなったりします。バットを数枚重ねて重しとすると、途中でバランスを崩して傾くこともないでしょう。

難易度：★☆☆

だし巻き卵

卵の重量に対して 1/3 くらいの水分を入れると扱いやすく、ふわふわの卵焼きができます。
水分の量を 1/2 まで増やすとふわっふわになりますが、
返すのが難しくなるので、慣れてきたらチャレンジしてみましょう。

調理時間
10
分

卵焼き器

材料（1 本分）

卵		3個
A	だし汁	大さじ3
	みりん	小さじ2
	しょうゆ	小さじ1/2
	塩	ふたつまみ
サラダ油		適量

1 卵液を作る

 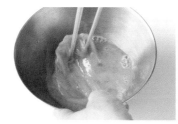

ボウルに卵を割り入れ、できればカラザを取り除き、白身を切ってからよく混ぜ合わせる。

Aを加えてさらによく混ぜ合わせ、ザルなどでこす。

> こすことでなめらかでふわふわ、きれいな卵焼きになるので、手間を惜しまないほうがいいです。

2 ♦♦♦ 強火 卵焼きを焼く

卵焼き器にペーパータオルでサラダ油を薄くひいて強火で熱し、箸先を卵液に少し浸してフライパンにつけてみる。すぐに卵液がかたまるようであればOK。

3 ♦♦♦ 中火 1回目

中火にして卵液を1/3量ほど流し入れる。全体に広げ、気泡ができたら箸の先でつぶしてかたまっていない卵液をそこに移動させる。同様に、フライパンの端の焼けたところを崩してそこにも卵液を移動させる。

半熟になったら奥側から手前に折りたたむように巻く。

> 外側から見えないので、1～2回目は失敗しても大丈夫!

4 2回目

巻いた卵を奥側に寄せ、空いたスペースにサラダ油を薄くのばし、卵液の残りの半分を流し入れる。寄せた卵の下にも持ち上げて流し入れ、あとは1回目と同様、半熟まで火を通し、奥側から手前に折りたたむ。

5 3回目

2回目と同様に奥側に卵を寄せたらサラダ油を薄くのばし、残りの卵液を入れて焼き、巻く。手前側まで巻けたら巻き終わりを下にして少し押さえて形をととのえる。

> 最後のひと巻きは仕上がりになるので、慎重にていねいに巻きましょう。

料理のヒント!

すぐに食べてもいいですが、まきすなどで巻いて形をととのえ、落ち着かせることで、中までしっかりと火が通ります。切り分けやすく、お弁当に入れても崩れにくくなります。

卯の花

余計な水分を飛ばすことで
おからがだし汁や調味料の旨みをたっぷり吸収します。
おからは高タンパク＆ヘルシー、食物繊維も豊富なので、栄養もバッチリ！

調理時間 **20** 分  24cm
フライパン 18cm鍋

● **材料（2～4人分）**

生おから	150g
にんじん	40g
しいたけ	3枚
ちくわ	2本
ピーマン	小1個
ごま油（またはサラダ油）	大さじ1

A
だし汁	1と1/4カップ
しょうゆ	小さじ2
みりん	大さじ2
砂糖	大さじ1
塩	小さじ1/4

● **作り方**

1 材料を切る

にんじんは細切りにする。しいたけは軸を取り、かさは薄切り、軸は石づきを切り落として裂く。ピーマンはヘタと種を取り、繊維を断つように細切りにする。ちくわは輪切りにする。

2 おからを煎る ♦♦ 中火

ノンフイパンを中火で熱し、おからを入れ、余分な水分が飛んでパラパラになるまで乾煎りする。

3 具材を炒める ♦♦ 中火

鍋にごま油をひいて中火で熱し、にんじん、しいたけ、ちくわを炒める。2分ほど炒めたら**2**のおからを加えてさらに炒める。

4 調味料を加えて煮る ♦♦ 弱めの中火

Aを加えて全体を混ぜる。温まったら弱めの中火にしてときどき混ぜながら6～8分煮る。

仕上げにピーマンを加え、さらに1分ほど煮たら火を止める。

> おからがグングンと煮汁を吸います。煮汁が減ると焦げやすくなるので、ときどき全体を混ぜながら煮含めるようにします。

料理のヒント！

おからは売っている状態にもよりますが、水分が多そうな場合は煎ることで味が染み込みやすくなります。
電子レンジで水分を飛ばすこともできます。その場合は耐熱皿におからを入れてほぐし、
ラップはせずに600Wで2分ほど加熱してください。

ひじきの煮物

乾燥ひじきでも生ひじきでも作れます。
生ひじきは下処理が必要ですが、春の旬を味わえておすすめ！
小分けにして冷凍すれば、冷凍庫で1か月ほど保存できます。

調理時間
20
分

（ひじきの戻し時間は除く）

18〜
20cm鍋

● 材料（2〜4人分）

長ひじき（乾燥）……………………20g
油揚げ ………………………………1枚
にんじん ……………………………1/4本
ごま油 ……………………… 小さじ2
A ┌ だし汁 …………1と1/2カップ
  │ 砂糖 ……………………… 大さじ1
  └ みりん、しょうゆ …… 各大さじ2

● 作り方

1 ひじきを戻す

ひじきは水でサッと洗い、水に浸して15〜20分やわらかくなるまで戻す。

ザルにあげて水気を切る。

> 乾燥ひじきは水で戻すと約8倍の重量になるので、20gを戻せば160gになります。このレシピを生ひじきで作る場合は、160g用意します。

2 材料の下ごしらえ

油揚げは熱湯を回しかけて油抜きし、細切りにする。にんじんは皮をむいて細切りにする。

3 〔中火〕 具材を炒める

鍋にごま油をひいて中火で熱し、にんじんを炒める。1分ほどしたら油揚げとひじきを加えてさらに1分ほど炒める。

4 〔弱めの中火〕 調味料を加えて煮る

Aを加えて落とし蓋をする。煮立ったら弱めの中火にし、煮汁が少なくなるまで10分ほど煮る。

料理のヒント!

　生ひじきの下処理は、しっかりと洗い、10分ほどゆで、ザルにあげて水気を切るだけ。
スーパーなどで売っている生ひじきのほとんどが下処理済みですが、産地などの採れたてのものや、
下処理しないで売られているものは、必ずゆでてから調理に使います。
生のままの保存期間は2〜3日と非常に短いので注意しましょう。

切り干し大根

切り干し大根の戻し汁にも旨みが出ているので、
だし汁と戻し汁を各 1/2 カップずつ使ってもおいしくできます。
栄養たっぷりで定番にしたいメニューです。

調理時間
25
分

18cm鍋

（切り干し大根の戻し時間は除く）

94

● 材料（2〜4人分）

切り干し大根 ……………………… 35g
にんじん …………………………… 30g
油揚げ ……………………………… 1枚
絹さや ……………………………… 5枚
サラダ油 ………………………… 小さじ1

A ┌ だし汁 …………………… 1カップ
　│ しょうゆ、みりん …… 各大さじ1
　└ 砂糖 …………………… 小さじ1

● 作り方

1 切り干し大根の下ごしらえ

切り干し大根は水で洗い、15分ほど水に浸してやわらかく戻し、水気をしっかりと絞ってざく切りにする。

2 材料の下ごしらえ

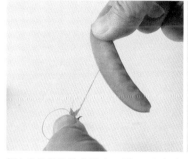

絹さやは筋を取り除き、斜めに細切りにする。
にんじんは皮をむいて細切りにする。油揚げは1cm幅に切る。

3 具材を炒める

♦♦♦ 中火　♦ ♦ 弱火

鍋にサラダ油をひいて中火で熱し、にんじんを炒める。全体に油がまわったら切り干し大根を加えて炒める。

全体がよく混ざったら油揚げを加えて混ぜ、Aを加えて落とし蓋をし、弱火で10〜15分煮る。落とし蓋を取り、煮汁が少し残っているくらいまで煮る。

煮汁が多いようであれば少し火を強めて水分を飛ばしてください。

4 盛りつける

絹さやを加えて混ぜ、火を止め、余熱で火を通す。

料理のヒント！

油揚げの油抜きはお好みでOK。その油を利用して旨みにすることもできます。油抜きのやり方は22ページ参照。

きんぴらごぼう

フライパンをあおると火から離れて温度が下がってしまいます。
あおらずとも、余裕のあるサイズのフライパンで返すように炒めればまんべんなく火が入ります。
赤唐辛子で味にアクセントも！

調理時間
15
分

24cm
フライパン

● 材料（2～4人分）

ごぼう …………… 太め1本（200g）
赤唐辛子（小口切り）…… ひとつまみ
みりん、しょうゆ ……… 各小さじ2
ごま油 …………………… 小さじ2
白炒りごま ……………… 小さじ1

● 作り方

1 ごぼうの下ごしらえ

ごぼうは皮をこそげて細切りにし、水に5分ほどさらす。

ザルにあげ、水気をしっかりと切る。

> ペーパータオルでサッとふくようにすると、炒めたときに油ハネが少なくなります。

2 🔥🔥🔥 中火
具材を炒める

フライパンにごま油と赤唐辛子を入れて中火で熱し、ごぼうを炒める。

3分ほどしてごぼうがしんなりしてきたらみりんとしょうゆを回し入れて絡める。

> 食材にかけるというよりも、フライパンの空いたスペースに調味料を入れてから食材を絡めるようにすると、香ばしい香りがつきます。

3 盛りつける

器に盛り、白ごまをふる。

かぼちゃの甘煮

煮えてからいったん冷ますことで味がよく染み込み、しっとりと仕上がります。
面取りをすることで舌触りもなめらかに。

調理時間
20
分

18cm鍋

● 材料（2～4人分）

かぼちゃ ……… 1/4個
　　（正味400g）
砂糖 ………… 大さじ3
┌ みりん …… 大さじ2
A│ しょうゆ … 大さじ1
└ 塩 ……… 小さじ1/4

料理のヒント！

煮汁が3～4割減る
くらいが完成の目安
です。

● 作り方

1 かぼちゃの 下ごしらえ

かぼちゃはワタを取り除
いてひと口大に切り、と
ころどころ皮をむいて、
面取りをする。

面取りをするのは、かぼ
ちゃの角同士が当たった
ときに煮崩れするのを防
ぐためです。味も染み込
みやすくなります。

2 かぼちゃを煮る

🔥🔥🔥 強火　🔥 弱火

鍋にかぼちゃの皮を下に
して並べ、ひたひたの水
（分量外・1カップ目安）
を加え、強火にかける。
煮立ったら弱火にし、砂
糖を加えて落とし蓋をし
て7分ほど煮る。

3 調味料を 加えて煮る

Aを加えて、鍋をゆすっ
て全体になじませる。落
とし蓋をしてさらに5分
ほど煮る。

ヘラを使って混ぜると
煮崩れるのでNGです。

里いもの煮っころがし

里いものぬめりを残すことで煮汁がよく絡みます。
好みに応じてぬめりをとり、あっさり仕上げることもできます。

材料（2〜4人分）

里いも	600g
サラダ油	小さじ2
A だし汁	1カップ
しょうゆ、みりん、酒	各大さじ2
砂糖	大さじ1

調理時間 **30** 分

20cm鍋

● 作り方

1 里いもの 下ごしらえ

里いもは皮をむく。大きなものならひと口大に切り、面取りをする。水を張ったボウルでサッと洗い、水気を切ってふき取る。

> 里いもはぬめりがあってすべりやすいうえに、皮もかたいので気をつけて。

2 里いもを炒める ◊◊◊ 強火

鍋にサラダ油をひいて強火で熱し、里いもを炒める。

料理のヒント！

あっさり仕上げたい場合は塩をふり、ぬめりを取るように里いも同士をこすり合わせて、数回水を替えて洗います。ぬめりを取ると里いもの中まで味が染み込みやすくなるので、煮汁も煮詰めすぎなくて大丈夫です。

3 調味料を 加えて煮る ◊◊◊ 弱めの中火

全体に油がなじんだらAを加え、落とし蓋をし、弱めの中火にして15分ほど煮る。

4 煮汁を絡める ◊◊ 中火

里いもに火が通り、煮汁が鍋底に少し残るくらいまでに煮詰まったら中火にし、鍋を少しゆすって全体に煮汁を絡めてから火を止める。

いんげんのごまあえ

ごまの豊かな風味がいんげんによく合います。
あと一品欲しいときに手軽に作れて重宝するので、ぜひマスターしましょう。

調理時間
10
分

18cm鍋

材料（2人分）

さやいんげん	100g
A 白すりごま、白練りごま	各大さじ1
砂糖	大さじ1/2
しょうゆ	小さじ1
塩	適量

料理のヒント！

白すりごまがなければ、白いりごまをすり鉢ですり
つぶしてから、そこに練りごま、砂糖、しょうゆを
加えて混ぜ合わせると代用できます。

● 作り方

1 いんげんを切る

いんげんはヘタを切り落
とし、2〜3等分4cm長
さ程度に切る。

2 いんげんを ゆでる

鍋に湯を沸かし、塩を加
える（2と1/2カップの湯
に対して塩小さじ1）。1
を入れて2〜3分ゆでる。
冷水にとって冷ましてか
ら、水気をしっかりと切る。

ペーパータオルなどで余
分な水分を吸い取りま
しょう。

3 調味料を 混ぜ合わせる

ボウルに**A**を入れてよく
混ぜ合わせる。

ボウルに入れる順番は、
ごま・砂糖→しょうゆが
おすすめ。さらさらした
ものに液体を加えると
混ざりやすいためです。

4 いんげんと あえる

3に2を加えてあえる。

難易度：★☆☆

小松菜の煮びたし

葉と茎を分けて炒めることでベストな食感に。
しめじや油揚げとの相性も抜群！

● 材料（2人分）

小松菜 ･･････････････････････ 200g
しめじ ･･･････････ 1/2パック（50g）
油揚げ ･･･････････････････････ 1枚
A だし汁 ･･･････････････････ 1カップ
　 しょうゆ ･････････････････ 小さじ2
　 みりん ･･･････････････････ 大さじ1
　 塩 ･･･････････････････ 小さじ1/3

調理時間
10
分

18cm鍋

● 作り方

1 材料の下ごしらえ

小松菜は3～4cm幅のざく切りにする。

しめじはほぐし、油揚げは2cm幅に切る。

煮る際に茎と葉を分けて入れるので、切るときに分けておくと便利です。

2 具材を煮る ●● 中火

鍋でAを中火で熱し、煮立ったら油揚げとしめじを入れ、再び煮立ったら小松菜の茎を加える。1分ほどして再度煮立ったら小松菜の葉を加え、菜箸で少し押さえながら、しんなりするまで1分ほど煮る。

料理のヒント！

薄口しょうゆを使うと色がきれいに仕上がりますが、今回は一般的な濃口しょうゆを使います。薄口しょうゆは色が薄くても塩分があるので、そちらを使う場合は塩を少なめにして味を調整します。

難易度：★☆☆

わかめ入りきゅうりの酢の物

忙しいときでも火を使わずにパッと作れる食卓の味方！
さっぱりして箸休めにぴったりです。

調理時間
10
分

● 材料（2人分）

きゅうり	1本
乾燥わかめ	2g
しらす	10g
A 酢	大さじ2
砂糖	大さじ1
しょうゆ	小さじ1/2
塩	適量

● 作り方

1 きゅうりの下ごしらえ

きゅうりは小口切りにし、塩（重量の1%）をふってもみ、5〜10分おく。しんなりして水分が出てきたら絞る。

料理のヒント！

わかめは生わかめを使ってもいいです。
その場合、20gほどを食べやすく3cm角程度に切ります。

2 わかめの下ごしらえ

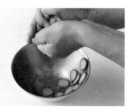

乾燥わかめは洗い、水に浸して戻し、絞る。

3 材料を混ぜ合わせる

ボウルでAをよく混ぜ合わせ、1と2、しらすを加えてあえる。

難易度：★★☆☆

キャベツの浅漬け

自分好みに味を調節できるのが手作りの醍醐味。
常備したいおいしさです。

調理時間
10
分

（漬ける時間は除く）

● 材料（作りやすい分量）

キャベツ	1/4玉
しょうが	1かけ
赤唐辛子	1本
昆布	3cm
塩	適量

料理のヒント！

重しはキャベツの重量の3倍ほどが目安です。ペットボトルが手軽でおすすめ！

● 作り方

1 キャベツの下ごしらえ

キャベツはざく切りにし、塩（重量の2％）をふってもむ。

2 調味料の下ごしらえ

しょうがは皮つきのまま薄切り、赤唐辛子はヘタを取って種を取り除き、昆布は表面をぬらしたペーパータオルでサッとふいて、はさみで細切りにする。

3 漬ける

1をポリ袋に入れて2を加えてさっともみ、余分な空気を抜いて口を閉じる。重しをして冷蔵庫で3時間ほど漬ける。

豚汁

具だくさんで栄養満点！
こんにゃくは凸凹から味が染み込むので包丁では切らず、ちぎるようにしましょう。
コップを使うと簡単にちぎれます。

調理時間 **25** 分

20cm鍋

● 材料（2～3人分）

豚バラ薄切り肉 …………… 100g	こんにゃく ………………… 100g
大根 ……………………… 60g	ごま油 …………………… 小さじ2
にんじん ……… 40g（太い部分）	だし汁 …………………… 3カップ
ごぼう ……………………… 1/2本	みそ …………… 大さじ2と1/2
長ねぎ（青い部分も入れるといい）	七味唐辛子（または一味唐辛子）
……………………… 1/3本	………………………… 適量

● 作り方

1 豚肉を切る

豚肉は3cm幅に切る。

2 こんにゃくの下ごしらえ

こんにゃくはコップなどで小さめのひと口大にちぎり、熱湯で2分ほどゆでてから水気を切る。

3 野菜の下ごしらえ

大根とにんじんは5mm厚さ程度のいちょう切り、ごぼうは5mm厚さ程度の斜め薄切りにし、長ねぎは1cm幅の小口に切る。

4 具材を炒める ♦♦♦ 強火

鍋でごま油を強火で熱し、豚肉を炒める。色が変わってきたら2、3を加えて炒め合わせる。

5 煮る ♦♦♦ 弱火

だし汁を注ぎ、煮立ったらアクを取り除く。みそを半量溶いて加え、蓋をして弱火にし、8分ほど煮る。

> みそを分けて入れることで、具に味を染み込ませつつ、みその風味を損なうことなく仕上げることができます。

6 盛りつける

残りのみそを溶いて火を止める。器に盛り、お好みで唐辛子をふる。

料理のヒント！

にんじんは上のほうの太い部分を使うと、その他の具材との大きさのバランスが良くなります。
長ねぎは上の青い部分も入れると、彩りが加わります。

難易度：★★☆

アサリのみそ汁

アサリは塩気があるので、いつもよりもやや少なめのみそを溶きます。
味をみて足りなさそうであれば調整し、自分だけの味を見つけましょう。

調理時間
10分
（アサリの砂出し時間は除く）

18cm鍋

材料（2人分）

アサリ	150g
三つ葉	10g
水	2カップ
みそ	大さじ1〜1と1/2
塩	適量

● 作り方

1 アサリの砂出し（19ページも参照）

水1カップに対して小さじ1強（または水2と1/2カップに大さじ1）の塩を加えてよく混ぜ、アサリを漬ける。アサリは重ならないようにボウルに入れ、塩水はひたひたまで注ぐ。

砂を出し切ったらアサリ同士をこすり合わせるようにしてよく洗う。

> アサリが口を出して砂をはきやすいようにするため、水面から少し頭が出ているくらいの水加減がベストです。アルミホイルや新聞紙をのせて暗くすると、活動が活発になって砂を吐き出しやすくなります。

2 ●● 中火
みそ汁を作る

鍋にアサリと水を入れ、中火にかける。アクが出てきたら取り除き、アサリの口が開いたらみそを溶き入れる。味をみて火を止め、ざく切りにした三つ葉を加える。

料理のヒント！

砂出しの際はボウルにザルを重ねて入れると、アサリが吐いた砂が下に落ち、再び吸ってしまうことを防げます。水やぬるま湯で砂出しすると旨みが抜けてしまうので、塩は必ず加えましょう。

かきたまのすまし汁

卵のやさしい味が体中にしみわたります。
胃が疲れているときにもおすすめのメニューです。

調理時間
5
分

（だし汁をとる時間は除く）

18cm鍋

材料(2人分)

卵 ……………………………… 1個
だし汁 …………… 2と1/2カップ
塩 …………………… 小さじ1/3〜1/2
しょうゆ ………………… 小さじ1
三つ葉 …………………… 10g
水溶き片栗粉
　　… 片栗粉 小さじ1：水 小さじ2

● 作り方

1 卵を溶く

卵は割りほぐす。

2 だし汁に味を
つける ♨♨中火

鍋でだし汁を中火で温
め、塩、しょうゆで味つ
けする。

3 とろみをつける

水溶き片栗粉をよく溶い
て回し入れる。加えたら
引き続き3回ほど混ぜる。

4 卵を加えて
仕上げる

1の卵を菜箸などに伝わ
せながら少しずつ全体に
回し入れ、おたまでサッと
混ぜる。ざく切りにした三
つ葉を加えて火を止める。

> だし汁は少しフツフツと
> 沸いているくらいのほう
> がふわっと卵が浮いて
> きます。

料理のヒント！

だし汁に味をつける段階の2では温める程度で大丈夫です。
卵を入れるときは沸いている状態に。

牛丼

みんな大好きな牛丼！
思わずかきこみたくなること間違いなしの味がいつでも家で作れます。
お好みで牛肉と玉ねぎの量を増やして豪華にするのも◎。

調理時間
30
分

18cm鍋

● 材料（2〜3人分）

牛切り落とし肉 ················ 300g
玉ねぎ ······· 大きめ1/2個（150g）
しょうが ························· 1かけ
A
┌ 水 ······························ 1カップ
│ しょうゆ ···················· 大さじ4
│ 砂糖 ························· 大さじ3
└ 酒、みりん ············· 各大さじ2

紅しょうが ······················ 適量
ごはん ························ 2〜3杯

● 作り方

1 野菜の下ごしらえ

玉ねぎは繊維に沿って1cm幅に切る。しょうがは細切りにする。

2 具材を煮る
◦◦◦ 中火

鍋に**A**と**1**を入れて中火にかける。

煮汁が温まってきたら、牛肉をほぐしながら入れる。アクが出てきたら取り除く。

> 牛肉を入れる際は、いっぺんに全量入れるのではなく、「適量をとって鍋に入れてほぐし、少し火が通ってきたら端に寄せる」を繰り返します。そうすることで肉がかたまって火が通らなくなることを防ぎます。

3 煮詰める
◦◦ 強めの弱火

強めの弱火にし、15〜20分煮汁が少なくなるまで煮る。

4 盛りつける

丼にごはんを盛り、**3**をのせて紅しょうがを添える。お好みで煮汁をかける。

親子丼

ふわとろな卵と鶏肉の絡み具合が最高！
ポイントは卵を2回に分けて入れること。
三つ葉もいいアクセントになります。

材料（2人分）

鶏もも肉	1/2枚（150g）
卵	3個
長ねぎ	1/2本
三つ葉	10g
A ┌ だし汁	3/4カップ
└ しょうゆ、みりん	各大さじ2
ごはん	2杯分

調理時間
15
分

20cm
フライパン

● 作り方

1 鶏肉と野菜の下ごしらえ

鶏肉は小さめのひと口大に切る（1.5～2cm角程度）。長ねぎは縦半分に切り、斜め切りにする。三つ葉はざく切りにする。

2 具材を煮る　中火

フライパンに長ねぎを入れ、鶏肉をのせる。合わせた**A**を加えて中火にかける。煮立ったら少し火を弱めて5分ほど煮る。

3 卵を加える

2に溶いた卵を半量回し入れる。

4 やさしく混ぜる

1分ほどすると半熟状になるので、おたまなどで周りの固まった卵を中央にやさしく寄せるようにして混ぜる。

> 卵は鍋肌のほうから入れると火が通りやすいです。全体に均等に火を通すため、火が通った部分から、中央に寄せるように混ぜましょう。

5 仕上げる

残りの卵に三つ葉を加えて**4**に回し入れ、30秒ほどしたら火を止めて蓋をする。1分ほど余熱で火を通す。

6 盛りつける

卵が半熟状になったら、ごはんを盛りつけた丼にのせる。

料理のヒント！

親子丼専用の1人用鍋で作ってもいいですが、今回はフライパンで2人分をまとめて作ります。
手早く作るのがポイントなので、あらかじめ材料を揃えたり、ごはんを盛りつけたりしておくとスムーズです。

難易度：★★☆

肉うどん

うどんは乾麺でも生めんでも冷凍でもお好みのもので OK です。
牛肉とうどんの相性抜群！
だしがきいていてこの一品だけで大満足です。

調理時間
20
分

18cm鍋

20cm鍋

20cm
フライパン

● 材料（2人分）

牛切り落とし肉	200g		しょうゆ、みりん	各大さじ1
しょうが	1/2かけ	**B** 砂糖	小さじ1
			塩	小さじ2/3
A 水	1/4カップ	うどん	2玉
しょうゆ	大さじ1と1/2	九条ねぎ（小口切り）	適量
酒	大さじ2		
みりん	大さじ1		
砂糖	小さじ1		
だし汁	4カップ		

● 作り方

1 しょうがを切る

しょうがは細切りにする。

2 具材を煮る

🔥🔥 中火

フライパンで**A**と**1**を中火にかけ、フツフツと沸いてきたら牛肉をほぐしながら入れ、ときどき混ぜながら5分ほど煮る。

> 煮汁が少し残っている程度まで煮詰まっていればOKです。

3 つゆを作る

鍋（18cm）でだし汁を温め、**B**を加えて味つけする。

4 うどんをゆでる

別の鍋（20cm）にたっぷりの湯を沸かし、表示通りにうどんをゆで、ザルにあげて水気を切る。

5 盛りつける

丼にうどんを盛り、具材をのせてつゆをかけ、九条ねぎをのせる。

料理のヒント！

　麺は細いとつゆの味を感じやすく、太いと食感や風味を味わえるかわりに、つゆの味が控えめに感じられます。太いものを使う場合はお好みでつゆを少し濃いめにしてもいいでしょう。

しょうが焼き献立

しょうががピリッときいたしょうが焼きには、まろやかなマヨネーズ味の副菜が相性よし。
すりごまの香ばしさがアクセントの
ニラのみそ汁がさらに食欲をかきたてます。

この献立を完成させる
ための調理の段取り

※ごはんは炊飯済み、
だしは取っておいたものを使用

1 マカロニを
ゆでる

↓

2 野菜の
下ごしらえ

しょうが焼き：玉ねぎとしょうがはすりおろす、キャベツはせん切り、ミニトマトは洗う
マカロニサラダ：きゅうりは小口切り、紫玉ねぎは薄切りにする
みそ汁：ニラはざく切りにする

> 野菜はまとめて切るのが効率的

↓

3 豚肉の筋を切り、
漬ける

↓

4 きゅうりを
塩もみする

↓

5 マカロニサラダを
仕上げる

↓

6 だし汁を温める
しょうが焼きを
焼きはじめる

> 温かい料理は同時に進行すれば熱々のベストの状態で食べられる！

↓

7 みそ汁を
仕上げる

↓

8 しょうが焼きを
仕上げる

↓

9 すべてを
盛りつける

主菜

豚肉のしょうが焼き

作り方は58ページに掲載

副菜

マカロニサラダ

18cm鍋

● 材料（2人分）

マカロニ	……………………………	50g
ツナ缶	…………………………	小1/2缶
きゅうり	…………………………	1/2本
紫玉ねぎ	…………………………	1/4個
A ┌ マヨネーズ	……………	大さじ2
├ こしょう	…………………………	少々
└ しょうゆ	……………	小さじ1/4
塩	…………………………………	適量

● 作り方

1 マカロニをゆでる

マカロニは塩を加えた熱湯（2と1/2カップに対し塩小さじ1）で袋の表示時間通りにゆでる。ザルにあげて水気を切り、冷ます。

> 冷水にとるとマカロニが水っぽくなるので、湯気を飛ばしながら冷まします。途中で上下を返すと冷めやすいです。

2 きゅうりの
塩もみを作る

きゅうりは小口切りにし、塩（重量の1%）をふり、しんなりしたら水気を絞る。

3 材料の下ごしらえ

ツナはしっかりと水気を切る。紫玉ねぎは繊維を断つように薄切りにする。

4 混ぜ合わせる

1、2、3とAをあえる。

汁物

ニラのみそ汁

作り方は47ページに掲載

ブリの照り焼き献立

メインが魚料理の和食献立が作れたら、料理上手になれた気がしませんか？
こってり濃厚なブリの照り焼きには、さっぱりといただける酢の物を。
なめこと長ねぎの定番のみそ汁がおかずを引き立てます。

この献立を完成させる
ための調理の段取り

※ごはんは炊飯済み、
だしは取っておいたものを使用

1 ブリに
塩をふる

2 材料の
下ごしらえ

酢の物：きゅうりは小口切りにし
て塩もみをし、わかめは戻す
ブリの照り焼き：かいわれ大根
を切る
みそ汁：長ねぎを切り、なめこ
を洗う

3 酢の物を仕上げる

> 酢の物が完成したら冷蔵庫
> で冷やしても◎！

4 だし汁を温める
ブリを焼きはじめる

5 みそ汁を
仕上げる

6 ブリの照り焼きを
仕上げる

> ブリは焼きすぎるとかたくな
> るので様子を見つつ、みそ
> 汁を作ろう

7 すべてを
盛りつける

主菜

ブリの照り焼き

24cm
フライパン

● 材料（2人分）

ブリ切り身 ······················ 2切れ
塩 ····························· 小さじ1/4
小麦粉 ·························· 小さじ1
サラダ油 ························ 小さじ2

A ┌ しょうゆ、みりん、酒
  │ ·············· 各大さじ1と1/2
  └ 砂糖 ················· 大さじ1/2
かいわれ大根 ··············· 1パック

● 作り方

1 ブリの下ごしらえ

ブリは塩をふり、20分ほどおく。水
分が出てきたらサッと洗ってペーパー
タオルでふき取り、小麦粉を薄くま
ぶす。

> 余分な粉ははたいて落としましょう。

2 焼く ♦♦ 中火

フライパンにサラダ油をひいて中火
で熱し、**1**を焼く。盛りつけたとき
に上になる面から焼きはじめて2～
3分焼いたら裏返し、さらに2～3
分焼く。

3 たれを絡める

フライパンの余分な脂をペーパータ
オルでふき取り、火を少し強めて合
わせた**A**を回し入れる。フライパン
をゆすりながら煮絡め、照りがでて
きたら火を止める。

4 盛りつける

器に盛りつけ、根を切り落としたか
いわれ大根を添える。

副菜

わかめ入り
きゅうりの酢の物

作り方は102ページに掲載

汁物

なめこと長ねぎの
みそ汁

作り方は45ページに掲載

三色そぼろ丼献立

ボリューム満点でスピーディーに食べられる丼は大人から子どもまで大人気のメニューです。
丼ものは炭水化物・たんぱく質・野菜が同時に食べられるので栄養的にも◎。
三色丼の野菜が少なめなので、ちょっとした副菜となすのみそ汁を添えました。

この献立を完成させる
ための調理の段取り

※ごはんは炊飯済み、
だしは取っておいたものを使用

1 いんげんと
絹さやをゆでる

2 なすを切り、
電子レンジで
加熱する

> いんげんと絹さやの粗熱を
> 取っている間になすの下ご
> しらえを

3 絹さやと
いんげんを切る

4 鶏そぼろを作る

5 炒り卵を作る

> 熱々のごはんの上にのせる
> ので鶏＆炒り卵は先に作っ
> ておく

6 いんげんの
ごまあえを
仕上げる

7 だし汁を温め、
なすのみそ汁を
仕上げる

8 ごはんを盛り、
三色そぼろ丼を
仕上げる

9 すべてを
盛りつける

主菜

三色そぼろ丼

20cm
フライパン

● 材料（2人分）

鶏ひき肉	150g
A ┌ しょうゆ、酒 各大さじ1と1/2	
└ 砂糖 大さじ1	
卵	2個
B ┌ 砂糖 大さじ1	
酒 小さじ2	
└ 塩 ふたつまみ	
絹さや	10枚
ごはん	丼2杯分

● 作り方

1 🔥🔥 中火
鶏そぼろを作る

フライパンに鶏ひき肉、**A**を入れて
中火にかける。箸4本ほどで混ぜな
がら火を通し、煮汁を煮詰める。

> 箸を4本使うとかたまりがほぐれや
> すくなります。フライパンが1つしか
> ない場合は取り出しておきましょう。

2 🔥🔥 中火
炒り卵を作る

別のフライパンに卵を割りほぐし、
Bを加えてよく混ぜ合わせる。中火
にかけ、箸4本ほどで混ぜながら火
を通す。

> 鍋肌から卵がかたまってくるので、
> それをはがすように混ぜながらぽ
> ろぽろになるまで火を通します。

3 絹さやの
下ごしらえ

絹さやは筋を取り除き、塩（分量外・
水2と1/2カップに対し小さじ1目
安）を加えた熱湯で1分ほどゆで、
冷水に取って冷ましてから、斜め細
切りにする。

4 盛りつける

丼にごはんを盛り、1、2、3を盛
りつける。

副菜

いんげんの
ごまあえ

作り方は100ページに掲載

汁物

なすのみそ汁

作り方は46ページに掲載

料理にかんする用語辞典・3

レシピのなかには、料理特有の用語や言い回しが出てきます。
そこで、4回に分けて基本的な料理用語を紹介！ 調理をはじめる前にわからない用語を確認し、
調理中に戸惑うことをなくしましょう。パート3では、な行・は行の用語を紹介します。

【な行】

なじませる

食材に調味料などを染み込ませること。全体に行きわたらせるために時間をおく。

鍋肌

フライパンや鍋の内側の側面。調味料などを加えるときに「鍋肌から回し入れる」のように使う。鍋肌に沿わせて加えると香ばしくなる効果がある。

煮絡める

煮る際に、煮汁や調味料を食材に絡ませること。スプーンやおたまですくってかけたり、鍋をゆすったりして絡ませる。

煮詰める

煮る際に、煮汁がほとんどなくなるまで水分を飛ばすこと。

煮含める

煮る際に、煮汁を食材に染み込ませること。火が通った後もしばらくおいて煮汁を含ませることもある。

【は行】

はたく

小麦粉や片栗粉などをつけた食材を手で軽くたたき、余分な粉を落とすこと。薄く均一にするために行う。

ひたひた

煮物をする際や野菜をゆでる際、材料が水面から顔を出す程度まで水やだしなどを入れること。煮汁が少なくなるので材料が動きづらく、煮崩れしにくくなる。その他の水加減は28ページ参照。

ひとかけ

おもにしょうがやにんにくの分量を表すのに使う。しょうがは親指の先から第一関節くらいまで（21ページ参照）、にんにくは小房に分けた1つを指す。

ひと口大

ひと口で食べやすい大きさ。3cm角がおおよその目安。16ページも参照。

ひとつまみ

塩や砂糖などを親指・人差し指・中指の3本の指で自然につまんだくらいの量。「少々」よりは多くなる。詳しくは24ページ参照。

ひと煮立ちさせる

煮物や汁物を作る際、材料や調味料を加えたあとに再沸騰させること。材料や調味料を入れるといったん温度が下がるため、再び沸いてくるまで煮る。

フツフツと

汁が煮えて沸きあがり、表面に泡ができているような状態。完全に煮立っている状態は「ぐつぐつ」「グラグラ」などと表現する。

ふるう

粉ふるいやザルを使って粉類のかたまりを除き、きめ細かくすること。片手でふるいを持ち、空いた手に軽く打ちつけるようにするとふるいやすい。食材の表面に塩・こしょうや小麦粉などをまぶす際も、ふるいを使うと均一にまぶせる。

第4章

\ いつもの食卓が華やぐ！ /

大人も子どもも

みんな大好き

「洋」のおかず

ジューシーなハンバーグ、タルタルソースたっぷりのエビフライ、

盛りつけもおしゃれなサラダに、

具材ゴロゴロが楽しいカレーライス。

見た目にも華やかな洋食は、

大人から子どもまで大好きなメニューが揃っています。

普段の食卓にはもちろんですが、ちょっとだけ時間をかけて

誕生日や記念日など、

イベントを彩る料理としても活躍します。

ハンバーグ

肉汁をたっぷり閉じ込めたハンバーグにするには
しっかり練ることと成形するときがポイント。
ひき肉の旨みが口の中ではじけます。

調理時間
25
分

24cm
フライパン

● 材料（２人分）

合ひき肉 …… 300g	トマトケチャップ …… 大さじ2
玉ねぎ …… 1/4個(40g)	**B** ウスターソース …… 大さじ1
卵 …… 1個	みりん …… 大さじ1/2
A パン粉 …… 大さじ4	塩ゆでブロッコリー
牛乳 …… 大さじ2	（水2と1/2カップに対し
塩 …… 小さじ1/4	塩小さじ1目安） …… 100g
こしょう（あればナツメグ）…… 少々	トマト …… 1/2個
サラダ油 …… 小さじ2	

● 作り方

1 材料の下ごしらえ

玉ねぎはみじん切りにする。**A**は合わせてパン粉をふやかしておく。卵はよく溶きほぐす。

2 ひき肉をこねる

ボウルにひき肉を入れ、塩を加えてよく練る。

3 肉だねを作る

ねばりが出てきたら1、こしょう（あればナツメグ）を加えて練り合わせる。
40回ぐらい練るとねばりが出てまとまりやすくなる。

4 成形する

2等分に分けて小判型に形をととのえる。両手でキャッチボールをするようにしながら中の空気を抜き、少しずつ小判型にしていく。厚みは1.5〜2cmほど。

> 手に少しサラダ油を塗っておくと、タネがくっつきにくくなります。

5 くぼみをつける

表面はなめらかにし、中央に少しくぼみをつける。

> くぼみをつけることで中まで火が通りやすくなり、焼いているうちにふくらみすぎるのを防げます。

6 片面を焼く

◌◌◌◌ 強めの中火

フライパンでサラダ油を強めの中火で熱し、5をくぼみが上になるように並べる。

7 ひっくり返す

1分30秒〜2分たって焼き色がついたらひっくり返し、さらに1分30秒〜2分焼く。

8 蒸し焼きにする

◌◌◌ 弱火

蓋をして弱火にし、7分ほど蒸し焼きにして中まで火を通す。

9 火の通り具合を確認する

少し中央を押してみて透明な肉汁が出てきたら火が通っている合図。ハンバーグが焼けたら器に盛る。

10 ソースを作る

フライパンの残った肉汁に**B**を加えてひと煮立ちさせる。

11 盛りつける

ハンバーグに塩ゆでしたブロッコリーやくし形に切ったトマトを添え、10のソースをかける。

料理のヒント！

割れ目があるとそこから肉汁が流れ出てしまいます。
また、しっかり空気を抜かないと中の空気が熱で膨張して
ひび割れの原因になります。

ポークソテー

しっかり下ごしらえをすることで肉が格段にやわらかく！
にんにくの香りとりんごの甘みで、
ごはんが進むこと間違いなしの定番料理です。

調理時間
15
分

（豚肉を室温におく時間は除く）

26cm
フライパン

126

● 材料（2人分）

豚ロースとんかつ用厚切り肉 … 2枚
塩 …………………………… ふたつまみ
こしょう ……………………… 少々
小麦粉 ……………………… 小さじ1
りんご（すりおろし）………… 1/4個
にんにく（すりおろし）……… 1かけ
サラダ油 …………………… 小さじ2

A［しょうゆ、酒 ………… 各大さじ1
　みりん ………………… 大さじ1/2
バター …………………………… 5g
クレソン …………………………… 適量

● 作り方

1 豚肉の下ごしらえ

豚肉は筋を切り、赤身を刃先で数か所刺す。

> 赤身の部分を包丁の刃先でトントンと数か所刺しておくと、肉がやわらかくなります。

室温に15分ほどおいておき、塩・こしょうをふり、小麦粉を薄くまぶす。

> 塩・こしょうは茶こしなどを使うとまんべんなくまぶすことができます。

2 ♦♦♦ 中火 焼く

フライパンでサラダ油を中火で熱し、1を焼く。盛りつけた際に上になる面から焼きはじめ、2〜3分してこんがり焼き色がついたら返し、さらに2〜3分焼く。火が通ったら器に盛りつけておく。

3 ソースを作る

フライパンに残った油ですりおろしたにんにくを20秒ほどさっと炒めたら、すりおろしたりんごを加えてさらに20秒ほど炒める。**A**を加えてひと煮立ちさせ、最後にバターを加えて溶かす。

4 盛りつける

ポークソテーにクレソンを添え、3のソースをかける。

難易度：★☆☆

コロッケ

じゃがいもは皮つきのまま水からゆでるほうがホクホクしておいしいですが、
電子レンジで加熱してもOK。
使うじゃがいもは男爵イモがホクホクでおすすめです。

調理時間
60
分

18cm鍋

20cm
フライパン

24cm深型
フライパン

● **材料（2人分）**

じゃがいも …… 小さめ2個（250g）	**A** ┌ 卵 …………………………… 1個
合ひき肉 …………………… 100g	└ 水 ………………… 大さじ1
玉ねぎ ……………………… 1/4個	パン粉 …………………… 適量
塩 ………………………… 適量	揚げ油 …………………… 適量
こしょう ………………… 適量	リーフレタス …………………… 適量
バター ……………………… 5g	とんかつソースや
牛乳 ……………………… 大さじ1	中濃ソース（お好みで）……… 適量
小麦粉 …………………… 大さじ2	

● **作り方**

1 じゃがいもをゆでる

🔥🔥🔥 強火　　🔥🔥🔥 弱めの中火

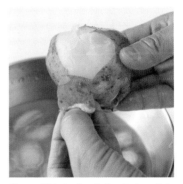

じゃがいもはよく洗って芽を取り、皮つきのまま鍋に入れ、かぶるくらいの水、塩（2と1/2カップに対して小さじ1が目安）を加えて強火にかける。沸騰したら弱めの中火で20〜30分かけてゆでる。

竹串を刺して通れば火が通っている合図。

湯から引き上げて氷水に取り、皮をむく。

2 じゃがいもをつぶして味をつける

冷めきらないうちにフォークなどでつぶし、塩ふたつまみ・こしょう少々を加える。

3 玉ねぎの下ごしらえ

玉ねぎはみじん切りにする。

4 具材を炒める

♦♦♦ 中火

フライパン（20cm）でバターを中火
で熱し、玉ねぎを炒める。

しんなりしてきたらひき肉を加えて炒め合わせ、火が通ったら塩ふたつまみ・
こしょう少々をふる。

5 生地を作る

じゃがいもに4と牛乳を加えて混ぜ合わせる。

6 成形する

4等分に分けて形をととのえる。できるだけ割れ目のないように、なめらかな表面にする。

まとまりにくかったら牛乳を足してもいいです。

7 衣をつける

小麦粉、混ぜ合わせた**A**、パン粉の順に衣をまぶす。
小麦粉や卵はまぶし残しがないようにていねいに、パン粉は手で少し押さえるようにしてしっかりとまぶす。

> まだ温かい場合はしっかりと中まで冷ますこと。温かいと揚げたときに破裂してしまいます。
> 冷ましている間にパン粉もなじんできます。

8 揚げる
◦◦◦ 中火

別のフライパン（24cm深型）で揚げ油を3cmほどの深さに入れて中火で180℃に熱し、2〜3分揚げる。カリッとしたら返してさらに2分ほど、両面がきつね色になるまでカリッと揚げる。

同じ油を何度も使うのは NG！

衣をつけて冷まさずすぐ揚げることのほかに、繰り返し使った油で揚げることも破裂の原因になります。油が汚れるだけでなく、酸化しておいしさも損なわれるので、同じ油を何度も使うのはおすすめしません。揚げるものによっても変わりますが、2回までに留めておきましょう。

9 盛りつける

いったんバットなどに取り、しっかりと油を切る。器に盛り、リーフレタスを添え、お好みでソースをかける。

料理のヒント！

電子レンジを使う場合はじゃがいもを皮つきのまま半分に切り、湿らせたペーパータオルを耐熱皿に敷いて切り口を下にして並べ、ラップをします。加熱時間は600Wで100gあたり3分が目安です。

難易度：★☆☆

サーモンのムニエル

レモンとパセリの風味が爽やかな一品。
作り方は難しくないので、ぜひ覚えて普段の食卓を華やかに彩りましょう。
つけ合わせはゆでたじゃがいもやブロッコリーに変えてもOK！

調理時間
20
分

24cm
フライパン

● 材料（2人分）

サーモン	2切れ
塩	小さじ1/4
こしょう	少々
小麦粉	小さじ1
バター	30g
オリーブ油	小さじ2
パセリ（みじん切り）	小さじ2
レモン	1/2個
白ワイン	小さじ2
ベビーリーフ	適量

1 サーモンの下ごしらえ

サーモンは塩をふり、10分ほどおく。水分が出てきたらペーパータオルで押さえて吸い取り、こしょうをふって小麦粉を薄くまぶす。

2 レモンの下ごしらえ

レモンは飾り用に2枚輪切りにし、それ以外は果汁（大さじ1）を絞る。

3 焼く 💧💧 中火

フライパンでバター5g、オリーブ油を中火で熱し、サーモンを焼く。盛りつけた際に上になるほうから焼きはじめ、3分ほど焼いてカリッとしてきたら返してさらに3分ほど焼く。焼けたら器に盛りつけておく。

4 ソースを作る 💧 弱火

3のフライパンの汚れをペーパータオルでふき取り、残りのバター25gを入れて弱火で熱する。溶けたら白ワインを加えてひと煮立ちさせ、パセリと、2のレモン果汁を加える。

5 盛りつける

サーモンにベビーリーフを添え、4のソースをかけ、レモンの輪切りを飾る。

ホワイトシチュー

失敗の多いホワイトソースもポイントを押さえて確実に！
難しいぶん、うまく作れたときの達成感もひとしおです。
何度も作ってコツをつかみましょう。

調理時間
45
分

24cm
フライパン

20cm鍋

● 材料（2人分）

鶏もも肉 …………… 1枚（250g）	牛乳 ………………… 1と1/2カップ
玉ねぎ ………………………… 1/2個	塩 ……………………………… 適量
マッシュルーム ………………… 60g	こしょう ……………………… 適量
ブロッコリー ………………… 100g	┌白ワイン …………… 1/4カップ
サラダ油 …………………… 小さじ1	A │ 水 ………………… 1/4カップ
バター ………………………… 20g	└ローリエ ………………… 1枚
小麦粉 ……………………… 大さじ2	

● 作り方

1 ホワイトソースを作る

バターと小麦粉を牛乳でのばして煮詰め、ホワイトソースを作る（詳しくは137ページ参照）。

2 材料の下ごしらえ

鶏肉はひと口大に切り、塩・こしょう各少々をふる。マッシュルームは半分に切る。ブロッコリーは小房に分ける。玉ねぎはくし形に切る。

3 鶏肉を焼く

🔥🔥 中火

フライパンでサラダ油を中火で熱し、鶏肉を焼く。皮目を下にして並べて焼き、カリッとしてきたら返して端に寄せる。

135

4 🔥🔥 中火
玉ねぎを加えて炒める

空いたスペースに玉ねぎを加えて中火で炒める。

5 🔥 弱火
マッシュルームを加えて蒸し煮にする

玉ねぎがしんなりしてきたらマッシュルームを加えて全体を炒め合わせる。

Aを加えて蓋をし、弱火で8分ほど蒸し煮にする。

6 ブロッコリーを加える

7 仕上げる

ブロッコリーを加えてさらに3分ほど蒸し煮にする。

ホワイトソースに6を加えて温め、味をみて塩でととのえる。

料理のヒント!

ホワイトソースの小麦粉は、あらかじめふるっておくとダマになりにくくなります。

ホワイトソースの作り方

1 弱火

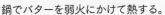

鍋でバターを弱火にかけて熱する。

2

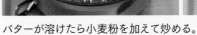

バターが溶けたら小麦粉を加えて炒める。

3

全体にバターがなじんで粉っぽさがなくなったら、牛乳を少しずつ加えながら混ぜてのばす。

> 牛乳は一度に入れるとダマになりやすいので少しずつ分けて入れます。

4

牛乳が全量入ったら混ぜながら弱火で5分ほど煮詰め、塩・こしょうで味つけする。

> さらっとしていたソースから水分が飛び、とろみがついたら完成です。

難易度：★★☆

オムレツ

具だくさんのオムレツは食べごたえ◎
一度ボウルに取り出してからフライパンに戻し入れることで、
初心者も簡単にきれいな形を作れます。

● 材料（2人分）

卵	4個
玉ねぎ	1/4個
マッシュルーム	4個
牛ひき肉	50g
塩、こしょう	各適量
トマトケチャップ	大さじ1
バター	10g
サラダ油	小さじ1

調理時間
15
分

20cm
フライパン

● 作り方

1 卵の下ごしらえ

卵は割りほぐし、塩・こしょう各少々を加えて混ぜ合わせる。

2 材料の下ごしらえ

玉ねぎは半分の長さに切ってから繊維に沿って薄切りにし、マッシュルームは薄切りにする。

3 ♦♦ 中火 具材を炒める

フライパンでバターを中火で熱し、牛ひき肉を炒める。火が通ってきたら **2** を加えて炒め合わせ、塩・こしょう各少々を加える。

4 卵を加えて半熟状にする

溶き卵を加えてヘラなどで混ぜ、半熟状にする。

ボウルなどにいったん戻す。

> 外側から火が通りやすいので、まんべんなく火を通すため、「外側の火が通ったところをはがして内側のほうに寄せる」を繰り返すように大きく混ぜます。

5 ♦♦ 中火 戻し入れて成形する

フライパンにサラダ油を薄くのばして中火で熱し、**4** をフライパンの奥側に半円状になるように入れる。

少しおいて焼いてから手前側に返し、形をととのえる。

6 盛りつける

器に盛り、トマトケチャップをかける。

エビフライ・タルタルソース

ぷりっぷりのエビにサックサクの衣の歯触りが至福！
白身と黄身の切り方を分けるひと工夫で、
タルタルソースもワンランク上のおいしさになります。

調理時間
30
分

（タルタルソースを作る
時間も含む）

24cm深型
フライパン

● 材料（2人分）

エビ（ブラックタイガーや 　大正エビなど）………… 6〜8尾	パン粉 ………… 適量（目安1カップ）
塩、こしょう ……………… 各少々	揚げ油 ……………………… 適量
卵 …………………………… 1個	キャベツ（せん切り）………… 適量
小麦粉 …………………… 大さじ4	レモン（くし形切り）……… 1/4個
水 ………………………… 大さじ1	

● 作り方

1 エビの殻をむく

殻は頭側からむいていき、尾側の
ひと節分だけ残しておく。

尾に剣先という尖った部分があるの
で、折って取り除く。

> 剣先を取り除くと、尾との身離れが
> よくなります。

2 背ワタを取り除く

背を丸めるように持って、頭側から
2節目あたりに爪楊枝を刺し、背ワ
タをすくい出すようにして引っ張り
出す。

> 途中で切れてしまったら別の節から
> 取り出したり、背側に浅く切り込み
> を入れて包丁の刃先でかき出したり
> してもいいです。

3 尾の水分をかき出す

尾先を少し切って、包丁の刃先でし
ごいて中の水分をかき出す。

> 揚げる際の油はねを防げます。

4 切り込みを入れる

腹側を上にして置き、身の半分くら
いの深さまで5〜6か所切り込みを
入れる。

> 切り込みの数はエビのサイズに応じ
> て変更してください。

腹を下にして背を指先でつまむよう
にしながらまっすぐに伸ばす。ペー
パータオルなどで水分をふき取り、
塩・こしょうをふる。

141

5 バッター液を作る

卵に水、小麦粉の順に加えて混ぜ合わせ、バッター液を作る。

> バッター液については29ページを参照しましょう。

6 衣をつける

エビにバッター液、パン粉の順に衣をまぶす。

7 揚げる 🔥🔥 中火

フライパンに揚げ油を3cmほどの深さに入れて中火で180℃に熱し、エビを入れてきつね色になるまで3〜4分揚げる。

> 身がかたくならないように、やや高温・短時間で揚げます。

8 盛りつける

油を切って盛りつけ、せん切りキャベツ、くし形に切ったレモン、タルタルソースを添える。

タルタルソースの作り方

料理のヒント！

タルタルソースはエビフライだけでなく、ムニエルやチキン南蛮、野菜にかけてもおいしいです。刻んだらっきょうを加えるなど、アレンジアイディアも豊富です。
ちなみに、生の素材を細かく切って調理したもの全般をタルタルと呼びます。

● **材料**

ゆで卵	1個
玉ねぎ	1/8個
パセリ	4房
マヨネーズ	大さじ2
塩、こしょう	各少々

1 ゆで卵を切る・つぶす

ゆで卵は黄身と白身に分け、白身は粗めのみじん切りにする。黄身はつぶす。

2 野菜の下ごしらえ

玉ねぎはみじん切りにして水に2分ほどさらして辛みを抜き、水気を絞る。パセリはみじん切りにする。

3 具材を混ぜ合わせる

すべての具材にマヨネーズ、塩・こしょうを加えて混ぜ合わせる。

難易度：★★★

ピクルス

漬けた翌日以降が食べごろで、冷蔵保存で1か月ほどもちます。
バリエーションとして、にんじん、カリフラワー、
ラディッシュ、かぶ、小玉ねぎなどもおすすめです。

調理時間
15
分

（漬ける時間は除く）

18cm鍋

● 材料（作りやすい分量）

きゅうり ……………… 2本
セロリ ………………… 1本
赤パプリカ ………… 1個
A ┌ 水、酢（または白ワイン
  │   ビネガー）‥ 各1カップ
  │ 砂糖 ……………… 80g
  │ 塩 ………… 小さじ1/2
  │ にんにく（薄切り）
  │ ……………… 1かけ
  │ 赤唐辛子 ………… 1本
  │ 粒こしょう… 小さじ1/2
  └ ローリエ ………… 1枚

料理のヒント！

野菜を熱湯にくぐらせるのは表面を殺菌するため
です。冷ます際は冷水には取らず、バットに敷い
たペーパータオルの上で冷まします。表面に水滴
が出てきたら、その都度ふきましょう。

● 作り方

1 ♦♦ 中火 ピクルス液を作る

鍋に **A** を入れ、中火でひ
と煮立ちさせてからボウル
やジップつき袋などに移し
て冷ます。

2 野菜の 下ごしらえ

きゅうりは3cm幅に切
る。セロリは3cmに切
り、太い部分は半分の
太さに切る。パプリカは
ヘタと種を取り除いて
大きめの乱切りにする。

3 ♦♦ 中火 熱湯にくぐらせる

鍋に中火で熱湯を沸かし、
2をさっとくぐらせ、冷ます。

4 漬ける

熱湯消毒した保存容器に**3**
を入れ、**1**を注ぐ。冷蔵庫
で5〜6時間以上おく。

> **1**のジップ付き袋でそのま
> ま漬けると簡単です。

ポテトサラダ

おいしいポテトサラダのポイントはじゃがいもを冷めないうちにつぶすこと。
熱々の皮をむくのは大変ですが、その先においしさが待っています。
ハムや野菜の食感も楽しく、最後まで箸が止まりません。

調理時間
30
分

18cm鍋

● **材料（2人分）**

じゃがいも	小さめ2個（200〜250g）	塩	適量
玉ねぎ	1/4個	こしょう	少々
きゅうり	1/2本	砂糖、酢	各小さじ2/3
スライスハム	1枚	マヨネーズ	大さじ2
		マスタード（お好みで）	小さじ1/2

● 作り方

🔥🔥🔥 強火　　🔥🔥🔥 弱めの中火

1 じゃがいもの 下ごしらえ

じゃがいもはよく洗って芽を取り、皮つきのまま鍋に入れ、かぶるくらいの水を注ぎ、塩（2と1/2カップに対して塩小さじ1）を加えて強火にかける。沸騰したら弱めの中火で20〜30分ゆでる。

2 野菜とハムの下ごしらえ

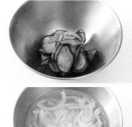

きゅうりは小口切りにし、塩（重量の1%）をふってもみ、水分が出てきたら絞る。玉ねぎは繊維を断つように薄切りにし、水にさらして辛みを抜き、水気を絞る。ハムは半分に切ってから5mm幅に切る。

3 じゃがいもをつぶして味つけする

ゆでたじゃがいもは熱いうちに氷水に取り、触れるくらいになったら手で皮をむく。冷めないうちにつぶし、塩小さじ1/4、こしょう、酢、砂糖を加えて混ぜる。

> 塩・こしょうなどの下味は、しっかりとなじみやすいように熱いうちに入れます。

4 具材をあえる

粗熱が取れたら2を加え、マヨネーズ、マスタードであえる。

料理のヒント！

熱いうちにマヨネーズを入れると分離してしまいます。かといって完全に冷めてしまうとなじみにくくなるので、ボウルを触ってほんのり温かさを感じるくらいのタイミングで加えます。マスタードはお好みで。味見して物足りないようでしたら、塩・こしょうを加えてください。

グリーンサラダ

葉野菜は数種類ミックスするほうがいろいろな食感や味が味わえて楽しいです。
今回出てくるもの以外にも、水菜、春菊、サラダほうれん草、ルッコラなどがおすすめ！

調理時間
10
分
（野菜を冷やす時間は除く）

● **材料（2〜4人分）**

葉野菜（レタス、サニーレタス、
　サラダ菜、ベビーリーフ、
　トレビスなど）………… 200g

A
┌ 酢 ………… 大さじ1と1/2
│ 砂糖 ………… 小さじ1/2
│ マスタード、塩
│ ………… 小さじ1/4
└ こしょう ………… 少々
サラダ油 ………… 大さじ3

● **作り方**

1 野菜の下ごしらえ

葉野菜は1枚ずつはがし、水を張ったボウルでよく洗う。水気をサッと切って冷蔵庫で30分〜1時間冷やす。

> 水分も活かして冷やすので、この段階では水気は軽く切る程度にします。時間がない場合はシャキッとするまで冷水にさらすのもいいですが、栄養が流れ出てしまうので、可能なかぎり冷蔵庫で冷やしましょう。

2 野菜をちぎる

1を食べやすい大きさに手でちぎり、水気をしっかりと切る。

> サラダスピナーなどがあればベストですが、なければペーパータオルと葉野菜をビニール袋に入れ、空気を入れるようにしながら口を閉じてよく振ります。

3 ドレッシングを作る

瓶に**A**を入れ、サラダ油を4〜5回に分けながら入れ、その都度蓋をしてよく振る。

4 盛りつける

大きめのボウルに**2**を入れ、**3**のドレッシングをかけてさっくりとあえてから器に盛る。

料理のヒント！

水気をしっかり切ることが、ドレッシングがよく絡むポイントです。ドレッシングは油を数回に分けながら混ぜることで乳化して、なめらかな口当たりになります。基本のフレンチドレッシングなので覚えておくと便利です。

● 材料（2〜4人分）

キャベツ …………… 1/4玉（300g）
塩 …………………………… 適量
A ┌ マヨネーズ ……………… 大さじ1
  │ 酢、レモンの絞り汁、サラダ油
  │ ………………………… 各小さじ1
  │ 砂糖 ………………… 小さじ1/2
  └ こしょう …………………… 少々

料理のヒント！

お好みで細切りにしたハムや
ホールコーン、ゆで卵やツナを
加えたり、味つけのアレンジで
カレー粉やマスタードを加えた
りするのもおいしいです。一番
シンプルなコールスローなので
アイディア次第でいろいろな
アレンジが楽しめます。

● 作り方

1 キャベツの下ごしらえ

キャベツは3〜5mm幅の
細切りにし、塩（重量の1%）
をふってもみ、20分ほどお
く。水気をしっかりと絞る。

> キャベツの細切りは、葉の
> やわらかいところが5mmほ
> ど、芯に近い部分は3mm
> ほどにするとバランスがよく
> なります。

2 調味料とあえる

1を合わせた**A**であえる。

難易度：★☆☆

コールスロー

キャベツの食感の違いが飽きさせないスタンダードなレシピ。
アレンジアイディアでリピート間違いなしです。

調理時間
10
分
（キャベツのおき時間は除く）

ミネストローネ

野菜がたくさん入って栄養満点◎
季節ごとに旬の野菜に変えれば1年中楽しめます。
具材を炒めることがおいしさへのひと手間です。

調理時間
25
分

20cm鍋

● 材料（２人分）

玉ねぎ	1/4個	にんにく	1/2かけ
セロリ	1/2本	オリーブ油	小さじ2
キャベツ	100g	塩	小さじ1/3
しいたけ	2枚	こしょう	少々
トマト	1個	粉チーズ	小さじ1
ベーコン	1枚		

● 作り方

1 材料の下ごしらえ

玉ねぎ、キャベツ、トマトは1.5cm角に切る。セロリは筋を取り、1cm角に切る。しいたけは石づきを除き4等分に切る。にんにくはみじん切りにする。ベーコンは1cm幅に切る。

2 ♦♦ 中火 具材を炒める

鍋でオリーブ油、にんにくを中火で熱し、香りが出てきたら玉ねぎ、セロリを加えて炒める。

玉ねぎがしんなりとして透き通ってきたらベーコン、キャベツ、しいたけを加えてしんなりするまで炒める。

3 ♦ 弱火 トマトを加えて煮る

トマト、水（分量外・2カップ）を加えて蓋をし、弱火で10分ほど煮る。

4 仕上げる

塩・こしょうで味をととのえる。器に盛り、お好みで粉チーズをふってもいい。

料理のヒント！

今回はフレッシュトマトを使いましたが、トマトジュースやトマト缶でも大丈夫です。その場合は水の量の調節もお忘れなく！

コーンポタージュスープ

玉ねぎをじっくり炒めることとていねいにこすことがポイント。
手間はかかりますが、その分なめらかでおいしい舌触りになります。
この機会にミキサーやブレンダーの扱いも覚えておきましょう。

調理時間
30
分

18cm鍋

● **材料（2人分）**

コーン缶
.... 大1缶（190g）
玉ねぎ 1/4個
A 牛乳、生クリーム
.... 各1/4カップ
バター 10g
塩 小さじ1/3
こしょう .... 少々
パセリ（みじん切り）、
クルトン ...... 各適量

1 ○●● 弱火
玉ねぎを炒める

玉ねぎはみじん切りにする。鍋でバターの半量を弱火で熱し、玉ねぎをしんなりして透明感が出るまで炒める。

> 焦げるとスープにしたときに色が悪くなるので、弱火でじっくりと炒めます。

2 コーンを加えて煮る

1に水気を切ったコーンを入れる。全体を炒め合わせたら、コーンの汁に水（分量外）を足して3/4カップにしたものを加える。蓋をして10分ほど煮る。

3 かくはんする

2をミキサーまたはブレンダーにかけてかくはんする。

> 水分が少なくてよく回らないようだったら、牛乳を少し加えます。

4 こす

すべて混ざったら、薄皮を取り除くようにヘラなどで押さえつけながらザルでこす。

5 ○○● 中火
仕上げる

4のコーンペーストを鍋に戻し入れ、Aを少しずつ加えながらのばし、中火で温める。残りのバター、塩・こしょうで味つけする。

6 盛りつける

器に盛り、パセリのみじん切り、クルトンを散らす。

料理のヒント!

今回は時期を問わず作れるコーンホール缶詰を使いました。缶詰の汁もおいしいだし汁になるので捨てずに使います。
フレッシュとうもろこしの場合は芯から実をそぎ切って使います。芯からもおいしいだしがでるので、ゆでる際に一緒にゆで、取り除いてからミキサーにかけます。

ポークカレー

具材はフライパンで炒めるとそれぞれの火加減がわかりやすく、失敗を減らせます。
お好みでガラムマサラやクミンなどのスパイスや、隠し味としてトマトケチャップ、ソース、しょうゆ、バター、
チョコレート、はちみつ、りんごすりおろし、インスタントコーヒーなどを加えてもおいしいです。

調理時間 **70** 分　24cm フライパン　20cm 鍋

● 材料（約4人分）

豚肉（肩ロースブロック、バラなど、
　　カレーシチュー用角切り）… 300g
玉ねぎ ……………………… 2個
にんじん ……… 大きめ1本（200g）
じゃがいも ……… 2～3個（400g）
塩 ……………………… 小さじ1/3

こしょう …………………… 少々
小麦粉 …………………… 小さじ1
しょうが …………………… 1かけ
にんにく …………………… 1かけ
サラダ油 ………………… 適量
水 ………………………… 3カップ

ローリエ …………………… 1枚
カレールー ……… 4皿分（約90g）
ごはん …………………… 適量
福神漬け、らっきょう漬けなど
…………………………… 適量

1 野菜の下ごしらえ

じゃがいもは皮をむいてひと口大に切り、にんじんは皮をむいて乱切り、玉ねぎはくし形に切る。

2 しょうがとにんにくの下ごしらえ

しょうが、にんにくはみじん切りにする。

3 豚肉の下ごしらえ

豚肉は塩・こしょうをふり、小麦粉を薄くまぶす。

4 弱火　にんにくとしょうがを炒める

フライパンでサラダ油小さじ1を弱火で熱し、2のにんにくとしょうがを炒める。香りが出てきたら鍋に移しておく。

5 弱めの中火　玉ねぎを炒める

フライパンにサラダ油大さじ1を足して弱めの中火で熱し、玉ねぎを炒める。じっくりと少し色づくまで炒めたら、鍋に移す。

6 強めの中火　豚肉を焼く

フライパンにサラダ油大さじ1を足し、3の豚肉を強めの中火で焼く。少しずつ転がしながらこんがりと焼いたら、さっと全体を炒め、鍋に移す。

7 強火　弱火　具材を煮る

フライパンに水を加えて軽くゆすいでから鍋に移し、鍋は強火にかける。煮立ったらアクを取り除き、ローリエを加えて蓋を少しずらしてのせ、弱火で15分ほど煮る。

> フライパンに入れた水で、玉ねぎや豚肉の旨みを残さず鍋に移します。

8 中火　弱火　にんじんとじゃがいもを炒めて煮る

7のフライパンをペーパータオルでさっとふき、サラダ油小さじ1を足して1のにんじんとじゃがいもを入れる。2分ほど中火で炒めたら鍋に加え、蓋を少しずらしてのせてさらに弱火で15分ほど煮る。

9 ルーを加える

8の火をとめ、刻んだカレールーを加えて溶かす。器にごはんを盛り、カレーをかけ、福神漬けやらっきょう漬けを添える。

> カレールーは刻んでおくことで溶けやすくなります。火を止めてから加えないとダマになりやすいので注意しましょう。

難易度：★★★

マカロニグラタン

ホワイトソースの作り方をマスターすればマカロニグラタンも簡単に。
チーズをたっぷりかけてこんがり焼き目をつけましょう。
マカロニがソースやチーズと絡んで絶品です。

調理時間
60
分

24cm
フライパン

20cm鍋

18cm鍋

● 材料（2人分）

むきエビ	150g	塩	小さじ1/3
玉ねぎ	1/4個	こしょう	少々
マッシュルーム	60g	白ワイン	大さじ2
マカロニ	80g	ピザ用チーズ	40g
バター	40g	パン粉	大さじ3
小麦粉	大さじ3	パセリ（みじん切り・お好みで）	
牛乳	2カップ		適量
ローリエ	1枚		

● 作り方

1 エビの下ごしらえ

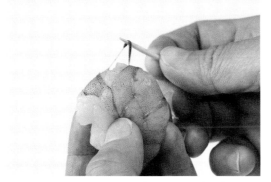

むきエビは背ワタを取り除く（19ページも参照）。

2 材料の下ごしらえ

玉ねぎはみじん切り、マッシュルームは薄切りにする。

3 🌢 弱火 ホワイトソースを作る（137ページも参照）

鍋（20cm）でバター30gを弱火で溶かし、小麦粉を加えて炒める。全体にバターがなじんで粉っぽさがなくなったら、牛乳を少しずつ加えながら混ぜ合わせてのばす。

> ホワイトシチューとは材料・分量が違うので注意！ 鍋の底面やふちから焦げやすいので、木べらでしっかりとなぞるようにしながら混ぜ合わせます。

牛乳が全量入ったらローリエを加え、混ぜながら弱火で7分ほど煮詰め、塩・こしょうで味つけする。

4 ♦♦♦ 中火
マカロニをゆでる

マカロニは別の鍋（18cm）で塩を加えた熱湯（湯5カップに対し塩小さじ2）で表示通りにゆでる。

ザルにあげて水気を切る。

5 ♦♦ 中火
具材を炒める

6
ホワイトソースと合わせる

フライパンで残りのバター10gを中火で熱し、玉ねぎを炒める。しんなりして透明感が出てきたらエビ、マッシュルームを加えて炒め合わせる。火が通ってきたら白ワインを加えてひと煮立ちさせ、火を止めてマカロニを加えて混ぜる。

3のホワイトソースを加えて混ぜ合わせる。

7 耐熱皿にバターを塗る

耐熱皿の内側にバター（分量外）を塗る。

> 耐熱皿にバターを塗っておくと、こびりつき防止になって洗うときも楽です。

8 盛りつける

6を7の耐熱皿に盛りつけ、チーズ、パン粉の順に散らす。パン粉は少し押さえてできるだけ平らになるようにし、まんべんなく焼けるようにする。

9 焼く

トースターなら7〜8分、オーブンなら230℃で10分ほど、焼き色がつくまで焼く。お好みでパセリを散らす。

料理のヒント！

マカロニをゆでるときの塩は、下味をつけるため、しっかり感じられるくらいの量を入れます。

難易度：★★☆

オムライス

卵ののせ方のバリエーションを知っておけば、失敗を気にせず気軽にチャレンジできます。
はじめは簡単なのせるバージョンから試し、慣れてきたら包むオムライスにも挑戦してみましょう。
ペーパータオルで形をととのえるのでうまく包めなくても大丈夫！

調理時間
25
分

26 cm
フライパン

20〜24 cm
フライパン

● **材料（2人分）**

鶏もも肉 ························· 100g		卵 ······························ 4個
玉ねぎ ························· 1/4個	┌ トマトケチャップ ········ 大さじ5	**B**┌ 牛乳 ···················· 大さじ2
サラダ油 ···················· 小さじ2	│ ウスターソース ·········· 小さじ1	└ 塩、こしょう ············ 各少々
白ワイン ···················· 大さじ2	**A**│ 砂糖、しょうゆ ···· 各小さじ1/2	バター ·························· 10g
ごはん ························· 2人分	│ 塩 ······················ 小さじ1/4	パセリ（お好みで）············ 適量
塩、こしょう ················ 各少々	└ こしょう ······················ 少々	

● **作り方**

1 鶏肉と玉ねぎの下ごしらえ

玉ねぎはみじん切りにする。鶏肉は小さめのひと口大（2cm角程度）に切り、塩・こしょうをふる。

2 ♦♦ 中火
具材を炒める

フライパン（26cm）にサラダ油を中
火で熱し、鶏肉を皮目から焼く。こ
んがりと焼き色がついたら返して端
に寄せ、空いたスペースで玉ねぎ
を炒める。

しんなりして透明感が出てきたら全体をさっと炒め合わせ、白ワインをふり、
煮立ったら**A**を加えて絡める。

3 チキンライスを作る

2に温かいごはんを加え、強めの中火にして炒め合わせる。

卵で包まない場合（右ページ）は、器に盛りつけておく。

4 卵で包む

卵を割りほぐし、**B**を加えて混ぜ合わせる。別のフライパン（24cm）でバターを中火で熱し、卵液を半量流し入れる。フライパンのふちから火が通りやすいので、火が通ったところを内側に、内側の卵液を外側に流すように全体を大きく混ぜる。

半熟状になったら3の半量を中心よりもやや手前に横長に、ラグビーボールのような形にのせ、奥側から卵をかぶせるように折りたたむ。さらに全体を奥側にすべらせてから手前に向かって返す。

5 盛りつける

フライパンからすべらせるようにして器に盛りつけてペーパータオルで包み、手で押さえて形をととのえる。ケチャップ（分量外）をかけ、お好みでパセリを添える。同様にもう1個作る。

料理のヒント！

ごはんを卵で包む場合は、ごはんが入るぶん大きめの24cmフライパンで作ります。包まずに上にのせる場合（右ページ）は、どちらも20cmフライパンで大丈夫です。

包まずのせる簡単バージョン

折りたたまずに
のせる場合

  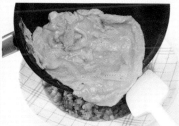

4で半熟状になった卵を折りたたまず、そのまますべらせて**3**の上にのせる。

オムレツを
のせる場合

4の卵を半熟状にするところまで同じように行い、チキンライスをのせず
奥側から折り込むようにオムレツ状にする。

フライパンからすべらせるようにして**3**
の上にのせる。

ミートソーススパゲッティ

野菜と肉は別々に炒めたほうが早く、それぞれの火の通り具合もわかりやすいので
初心者におすすめの方法です。
ローリエの香りとひき肉の旨み、野菜の彩りで一皿ペロッと食べられます。

● 材料（2人分）

牛ひき肉 ………… 200g	カットトマト缶
玉ねぎ ………… 1/2個	……… 1と1/2カップ
にんじん、セロリ	ローリエ ………… 1枚
………… 各50g	オリーブ油 … 小さじ2
にんにく ……… 1かけ	塩 ………… 小さじ1/3
赤ワイン …… 1/2カップ	こしょう ………… 少々
	スパゲッティ …… 200g

調理時間
45
分

24cm
フライパン

20cm鍋

● 作り方

1 野菜の下ごしらえ

玉ねぎ、にんじん、セロリ、にんにくはみじん切りにする。

2 野菜を炒める
♦ 弱火　♦♦ 中火

フライパンでオリーブ油、にんにくを弱火で熱し、香りがでてきたら玉ねぎを加えて中火で炒める。しんなりして透明感が出てきたらにんじん、セロリを加えてさらに炒める。鍋に移す。

3 ひき肉を炒める
♦♦♦ 強めの中火

フライパンに残った油で牛ひき肉を強めの中火で炒める。火が通ったら鍋に移す。

4 赤ワインを煮立たせる

3のフライパンに赤ワインを入れてひと煮立ちさせ、鍋に移す。

5 トマト缶を加えて煮る
♦ 弱火

鍋にトマト缶、ローリエを加えて混ぜ、蓋を少しずらしてのせて弱火で20分ほど煮る。塩・こしょうで味つけする。

6 スパゲッティをゆでる（23ページも参照）

別の鍋でスパゲッティをゆでる（湯10カップに対して塩小さじ4）。袋の表示時間通りにゆで、ザルにあげて水気を切る。

鍋に入れてすぐのあいだは麺同士がくっつかないように箸で混ぜます。

7 盛りつける

スパゲッティを器に盛り、5をかける。

料理のヒント！

スパゲッティはできるだけ深くて大きい鍋でゆでます。はみ出した部分が燃えたり、噴きこぼれたりしやすいため、鍋に入るまで箸やトングで押さえておきましょう。スパゲッティを半分に折ってフライパンでゆでるのも手軽でおすすめです。

難易度：★★☆

カルボナーラ

ソースとスパゲッティはボウルで混ぜ合わせるので、初心者でも慌てずに作れます。
とろみが足りないときはフライパンに戻し入れるだけ！
失敗知らずのお手軽レシピです。

調理時間
20
分

20cm鍋

24cm
フライパン

● 材料（2人分）

ベーコン ······················· 4枚
A ┌ 生クリーム ··········· 3/4カップ
　　│ 粉チーズ ············· 大さじ4
　　└ 卵黄 ····················· 2個分

オリーブ油 ················· 小さじ1
白ワイン ···················· 大さじ3
塩 ····························· 適量
粗びき黒こしょう ············· 適量
スパゲッティー ················ 200g

1 スパゲッティを ゆでる（23ページも参照）

スパゲッティは塩少々を加えた熱湯で、袋の表示時間通りにゆでる。

> ミートソーススパゲッティ（162ページ）のレシピと一緒です。

2 ソースを作る

大きめのボウルに **A** を入れてよく混ぜ合わせる。

> 卵黄、粉チーズを混ぜてから生クリームを少しずつ加えると混ざりやすいです。

3 ベーコンを切る

ベーコンは1cm幅に切る。

4 🌢🌢 中火 炒める

フライパンにオリーブ油を薄くのばして中火で熱し、ベーコンを炒める。

ベーコンが少しカリッとして脂が出てきたら白ワインを加えて火を止める。

5 ソースと絡める

4 に水気を切ったスパゲッティを加えてさっと混ぜ、2 のボウルに加える。

混ぜ合わせて味をみて、塩を少々加えてととのえる。余熱でとろみがつけば出来上がり。とろみが弱ければフライパンに戻し入れて弱火にかける。混ぜながらトロッとする一歩手前で火を止め、器に盛り、粗びき黒こしょうをふる。

料理のヒント！

A のソースは火を通しすぎるとばそばそになってしまいます。一方、火を通さないととろみが生まれず、スパゲッティと絡みにくくなるので、余熱をうまく活用します。

卵サンド＆きゅうりハムチーズサンド

薄く切って折りたたんだきゅうりの食感がやみつき！
なじませることで具材とパンに一体感が出て、ワンランク上のおいしさです。

● **材料（2人分）**

食パン（10枚切り）	8枚
ゆで卵	3個
┌ マヨネーズ	大さじ1と1/2
│ マスタード	小さじ1
A 砂糖	小さじ1/3
│ 塩	小さじ1/4
└ こしょう	少々
きゅうり	1本
スライスハム、スライスチーズ	各2枚
バター	20g
塩	適量

調理時間 **25** 分

● 作り方

1 ゆで卵ときゅうりの下ごしらえ

ゆで卵は白身と黄身に分け、白身は5mm角に切り、黄身はつぶす。**A**に加えて混ぜ合わせる。

きゅうりはピーラーで縦に薄切りにする。塩（重量の1%）をふって10分ほどおき、水分が出てきたらペーパータオルで吸い取る。

> きゅうりは半分の長さに切ってから縦に薄切りにしてもいいですが、ピーラーは包丁よりも薄く切れるので、繊細な歯ごたえがやわらかいパンと合います。

2 バターをやわらかくする

バターは電子レンジで10秒ほど加熱してやわらかくする。

3 パンにバターを塗る

すべてのパンにバターを薄く塗る。

4 卵サンドを作る

パン2枚に**1**の卵をのせてパンを重ねる。もう1セット作り、バットなどをのせてなじむまで3分ほどおく。

5 きゅうりハムチーズサンドを作る

パン2枚にスライスチーズ、きゅうり、ハム、パンの順に重ねる。もう1セット作り、バットなどをのせてなじむまで3分ほどおく。

> きゅうりは長くて薄いので半分に折りたたむようにしてのせます。

6 耳を切り落とす

4、**5**の耳を切り落とし、半分に切る。

料理のヒント！

サンドイッチ用のパンでもいいですが、耳つきのパンを使うほうが具をしっかりとはさむことができます。

ビーフストロガノフ献立

ビーフストロガノフは牛肉と玉ねぎを煮込んだロシアの煮込み料理です。
ごはんと一緒に盛りつけ、サワークリームを添えるのが特徴。
汁気の多い料理なのでスープは添えず、サラダと2品の献立です。

1 サラダ用の
野菜を洗い、
冷蔵庫で冷やす

> 146ページで紹介したようにしっかり冷やすことで野菜がパリッと仕上がる

2 玉ねぎ、
マッシュルーム、
パセリを切る

3 牛肉に
下味をつける

4 ビーフストロガノフを
煮込む

> 煮込み時間が多少あるためこの間にドレッシングを作る

5 ドレッシングを
作る

6 ビーフストロガノフを
仕上げる

7 サラダを仕上げ、
盛りつける

8 ごはんを盛り、
ビーフストロガノフを
盛りつける

主菜

ビーフストロガノフ

24cm
フライパン

● 材料（2人分）

牛切り落とし肉 …………………… 200g
玉ねぎ ……………………………… 1/2個
マッシュルーム ……1パック（100g）
赤ワイン ………………………… 1/4カップ
塩 ………………………………… 小さじ1/4
こしょう ……………………………… 少々
小麦粉 ……………………………… 小さじ2

A{
水、トマトピューレ …………… 各1/2カップ
トマトケチャップ ……… 大さじ3
ウスターソース ………… 大さじ2
ローリエ ……………………… 2枚
}
バター ……………………………… 20g
イタリアンパセリ ………………… 適量
ごはん ………………… 茶碗2杯分
サワークリーム ………………… 適量

● 作り方

1 材料の下ごしらえ

玉ねぎとマッシュルームは薄切りにする。

2 牛肉の下ごしらえ

牛肉に塩・こしょうをふり、小麦粉を薄くまぶす。

3 具材を炒める 弱火 中火

フライパンでバターを弱火で熱し、溶けたら中火にして1の玉ねぎを炒める。しんなりとして透明感が出てきたら牛肉、マッシュルームを加えて炒め合わせる。

4 調味料を加えて煮る 弱火

全体に火が通ってきたら赤ワインを加えてひと煮立ちさせ、Aを加えて蓋をし、弱火で10分ほど煮る。

5 盛りつける

器にごはんと4を盛りつける。ごはんに粗みじん切りにしたイタリアンパセリを散らし、サワークリームを添える。

副菜

グリーンサラダ

作り方は146ページに掲載

シーフードピラフ献立

ピラフは生米を炒めてからスープを加えて炊きますが、今回は炊飯器を使って簡単に。
すりおろしたにんじんを加えるので、野菜の自然な甘さを米ひと粒ひと粒がまといます。
トマト味のミネストローネとピクルスで、野菜たっぷりの献立です。

この献立を完成させる
ための調理の段取り

1 ピクルスを
事前に作る

> ピクルスは漬け込む時間が
> 必要なのであらかじめ作っ
> ておこう。前日に作りおきし
> ておいてもOK

2 ピラフの
下ごしらえをする

3 炊飯器に入れて
スイッチを入れる

> 炊飯に時間がかかるためこ
> の間にミネストローネを作る

4 ミネストローネの
野菜を切る

5 ミネストローネを
煮込む

6 ピラフを仕上げる

7 すべてを盛りつける

主菜

シーフードにんじんピラフ

● 材料（２合分）

米 …………………… 2合	こしょう …………………… 少々
シーフードミックス（冷凍）…… 200g	バター …………………… 20g
にんじん …………………… 100g	パセリ（みじん切り）………… 適量
顆粒コンソメスープの素、塩	
…………………… 各小さじ1	

● 作り方

1 シーフードミックスの
解凍

シーフードミックスは解凍する。

> 自然解凍、流水解凍、熱湯にさっ
> とくぐらせるなど、手間や時間に合
> わせてお好みで。

2 米とにんじんの
下ごしらえ

米は洗ってザルにあげて水気を切
る。にんじんは皮をむいてすりおろ
す。

3 炊く

炊飯器に**2**を入れ、コンソメスープ
の素、塩・こしょうを加えて水を2
合ラインまで注ぐ。平らにならした
ら**1**を加えて蓋をして、炊く。

4 仕上げる

炊き上がったらバターを加えてさっ
くりと混ぜ、器に盛ってパセリを散
らす。

副菜

ピクルス

作り方は143ページに掲載

副菜

ミネストローネ

作り方は148ページに掲載

料理にかんする用語辞典 ○ 4

レシピのなかには、料理特有の用語や言い回しが出てきます。
そこで、4回に分けて基本的な料理用語を紹介！ 調理をはじめる前にわからない用語を確認し、
調理中に戸惑うことをなくしましょう。パート4では、ま行〜わ行の用語を紹介します。

【ま行】

混ぜる

食材同士が一体化するまで絡ませること。食材同士の形が変わらないときは「あえる」になる（32ページ参照）。

回し入れる

調味料や溶き卵を、フライパンや鍋の周囲から円を描くように加えること。全体に行きわたらせる。

水気を切る

水分のついた食材をザルやペーパータオルを敷いたバットなどにあげ、余計な水分を取り除くこと。

水気を絞る

水で戻した食材や、塩をふって水分が出た食材を手で絞り、余計な水分を取り除くこと。

水にさらす

切った野菜をボウルなどで水に浸しておくこと。アクを抜いたり、変色するのを防ぐ効果がある。酢水に浸す場合もある。

面取り

かぼちゃや大根などの根菜を煮る際に、切った食材の角を薄く削りとること。煮ている間に食材同士がぶつかっても煮崩れしにくく、味も染み込みやすくなる。

戻し入れる

炒める途中などに一度取り出しておいた材料を再び加えること。一度取り出すことで火が通りすぎるのを防ぐことができる。

戻す

切り干し大根やわかめなどの乾物を水に漬けておき、乾燥するまえの状態に戻すこと。水を吸ってふくらむと元の何倍にもなるので、袋の記載などを確かめてから使う。

【や行】

焼き色をつける

表面が濃いめの茶色になるまで焼いて香ばしく色をつける。

ゆする

フライパンや鍋を持って前後に振り、食材と調味料を絡ませること。ヘラなどで返すと崩れてしまう食材のときに使う。

余熱

加熱して火を止めた後も、食材自体やフライパンや鍋に残っている熱のこと。余熱を使って中心まで火を入れたり、味を染み込ませたりする。

【ら行】

冷水にとる

冷たい水を張ったボウルにゆでた食材を入れ、急激に冷ますこと。余熱で火が入るのを防ぎ、食感や色の鮮やかさを保てる。

【わ行】

ワタをとる

魚介の内臓（ワタ）を包丁などでかき出す下ごしらえ。エビの背ワタは爪楊枝を使って取る。詳しくは18〜19ページ参照。

第 5 章

パンチある味でごはんが進む

スパイシーな香りが食欲をそそる「中華」のおかず

豆板醤がピリリときいた麻婆豆腐、
ぷりぷりのエビが豪華なエビチリ、
口直しにもってこいの春雨サラダやナムル、
たくさんの具がうれしい中華丼。
「ガッツリ食べたい！」そんなときは、
にんにくや香辛料がきいた中華で決まり！
火加減が難しそうと家庭では敬遠しがちですが、下ごしらえさえ済めば
あとはスピード勝負で素早く仕上がるものばかりです。

難易度：★★☆

餃子

肉だねを入れすぎて不格好になるのも手作りの醍醐味！
ひっくり返すときは緊張しますが、
お皿のサイズを工夫すれば失敗知らずです。

調理時間
40
分

24〜26cm
フライパン

● 材料（作りやすい分量・20個分）

豚ひき肉	80g	ごま油、酒	各小さじ1
キャベツ	120g	**A** オイスターソース	小さじ1/2
ニラ	30g	こしょう	少々
長ねぎ	1/4本	ごま油	適量
にんにく	1かけ	**B** 小麦粉	小さじ1
餃子の皮	20枚	水	1カップ
塩	小さじ1/4	しょうゆ、酢、ラー油(お好みで)	
			各適量

● 作り方

1 野菜の下ごしらえ

キャベツはみじん切りにし、塩をふり、10分ほどおいて水分が出てきたらしっかりと絞る。

ニラは小口切り、長ねぎとにんにくはみじん切りにする。

2 肉だねを作る

ボウルにひき肉を入れて練る。ねばりが出てきたら **1** を加えて練り合わせ、さらに **A** を加えて練り合わせる。

3 肉だねを皮で包む

片手に餃子の皮をのせ、2の肉だねを適量のせる。

指先に水をつけて餃子の皮のふちをなぞるようにしてぬらす。

半分に折り、手前側の皮を端からヒダを作るように折りながら閉じる。同様に20個包む。

> 包み終わったら開かないようにしっかり押さえましょう。ヒダは5つが作りやすいです。

> 包んだ餃子をバットに並べる際は、くっつかないように底にクッキングペーパーなどを敷くか、小麦粉（分量外）を薄くふりかけておきましょう。

4 餃子を焼く

◍◍◍ 強めの中火　◍◍ 中火

フライパンにごま油をひいて強めの
中火で熱し、3を並べて焼く。

1〜2分して焼き色がついたら、合
わせた**B**を回し入れ、蓋をして中
火にして5分ほど蒸し焼きにする。

> 水に小麦粉を加えることで、焼いた
> ときにパリパリの羽根ができます。

蓋を取り、強めの中火にして余分な
水分を飛ばす。ごま油をフライパン
のふちから回し入れ、少しゆすって
油をなじませる。

5 盛りつける

羽がパリッとしてきて焼き色がついたら裏返して器に
盛る。お好みでしょうゆ、酢、ラー油などをつける。

> フライパンよりも少し小さい皿をかぶせて餃子に密着さ
> せ、全体を返すと、ズレずに盛りつけられます。

料理のヒント！

20個を一度に食べ切れそうにないときは、焼く前にバットなどにすき間をあけて並べ、
冷凍することをおすすめします。
一度凍らせたらくっつく心配がなくなるので、保存容器やジップつき袋に移し替えても大丈夫です。
冷凍したものを焼くときは、少し時間を長めにしましょう。

麻婆豆腐

豆腐を電子レンジで加熱しておくひと手間でフライパンの温度が下がらず、
初心者でも上手に作れます。
豆板醤の辛さでごはんやお酒も進みます。

調理時間
20
分

24cm
フライパン

● 材料（2人分）

木綿豆腐 …………………1丁（300g）	水 ……………………………1カップ
豚ひき肉 …………………………150g	酒 ……………………………大さじ2
長ねぎ …………………………1/2本	A しょうゆ、みそ ……………各大さじ1
にんにく …………………………1かけ	砂糖 …………………………小さじ2
しょうが …………………………1かけ	水溶き片栗粉
ごま油 ……………………………大さじ1	…片栗粉 小さじ1と1/2：水 大さじ1
豆板醤 ……………………小さじ1/2〜1	ラー油・粉山椒（お好みで）……各適量

● 作り方

1 材料の下ごしらえ

長ねぎ、にんにく、しょうがはみじん切りにする。

豆腐は2cm角に切り、ペーパータオルを敷いた耐熱皿にのせ、ラップをしないで電子レンジ（600W）で1分加熱する。

2 ◑◐◐ 弱火
野菜を炒める

フライパンにごま油、長ねぎ、にんにく、しょうが、豆板醤を入れて弱火で炒める。

3 ◑◑◐ 強めの中火　◑◑◐ 中火
ひき肉と豆腐を加える

香りが出たらひき肉を加えて強めの中火で炒め合わせ、火が通ったら**A**を加える。煮立ったら中火にし、3〜4分煮たら豆腐を加える。

4 ◑◑◐ 中火
とろみをつける

いったん火を止め、よく混ぜ合わせた水溶き片栗粉を回し入れ、すぐに全体を混ぜる。再び中火にかけ、全体をやさしく混ぜ、ひと煮立ちしたら火を止める。

> 水溶き片栗粉は片栗粉が沈殿しやすいので、加える直前に必ず混ぜましょう。

5 盛りつける

器に盛り、お好みでラー油と粉山椒をふる。

料理のヒント！

水溶き片栗粉は温かいところに入れるとすぐにとろみがつくので、フライパンに加えたら全体を混ぜます。ぐつぐつしたところに回し入れると気持ち的にも慌てるので、いったん火を止めるのが◎。

難易度：★☆☆

肉野菜炒め

肉野菜炒めは、豚肉の脂を野菜にまとわせるイメージで作りましょう。
しっかり豚肉を焼いて脂を出し、葉野菜にサッとその脂を絡める程度、
炒め時間は短時間で仕上げます。

調理時間
15
分

26cm
フライパン

● **材料（2人分）**

豚こま切れ	150g	サラダ油	小さじ2
キャベツ	200g	酒	小さじ2
玉ねぎ	1/4個	塩	適量
にんじん	40g	こしょう	適量
もやし	100g	しょうゆ	小さじ1

料理のヒント！

ベチャッとした野菜炒めにならないよう、洗った野菜の水気をしっかりと切っておくことも、おいしく仕上げるためのポイントです。

● 作り方

1 豚肉の下ごしらえ

豚肉は大きなものがあれば3cm幅程度に切り、塩・こしょう各少々をふる。

2 野菜の下ごしらえ

キャベツは3〜4cm幅のざく切りにする。玉ねぎは繊維に沿って薄切りにする。にんじんは皮をむいて短冊切りにする。もやしはひげ根を取り除く。

> キャベツは芯に近い葉の厚みがある部分とやわらかい緑色の葉の部分とで入れるタイミングが違うので、切るときに分けておきましょう。

3 🔥🔥🔥 強めの中火
肉を炒める

フライパンにサラダ油をひいて強めの中火で熱し、豚肉を広げながら並べて1分30秒ほど焼く。

4 野菜を加えて炒める

肉の片面が焼けたら端に寄せ、空いたスペースに玉ねぎとにんじんを加える。

少しずつ全体を混ぜ合わせるようにして炒める。

> 野菜は火の通りにくいものから入れます。炒め時間はここまでで3分ほどです。

5 🔥🔥🔥 強火
残りの野菜を加えて味つけする

玉ねぎに火が通ったら火加減を強火にし、キャベツの芯に近い部分を加える。1分ほど炒めたら残りの葉の部分、もやしの順に加えて炒め合わせ、酒を回し入れて塩ふたつまみとこしょう少々、しょうゆで味をととのえる。

> 最後の味つけまでを5分ちょうどでフィニッシュするイメージです。

回鍋肉

肉の脂の旨みを野菜にまとわせます。
豚バラ肉は脂が多く、ばらけやすいので
フライパンに入れるときに多少重なっても OK！

調理時間 **20** 分

26 cm フライパン

● 材料（2人分）

豚バラ薄切り肉	160g
キャベツ	200g
ピーマン	2個
にんにく	1かけ
豆板醤	小さじ1
A ┌ みそ	小さじ2
├ しょうゆ、砂糖	各小さじ1
└ 酒	大さじ1
ごま油	大さじ1
塩、こしょう	各少々

1 材料の下ごしらえ

キャベツは3〜4cm幅のざく切りにする。ピーマンはヘタと種を取り除き、乱切りにする。にんにくは薄切りにする。豚肉は4cm幅に切り、塩・こしょうをふる。

> キャベツの芯に近い葉の厚みがある部分とやわらかい緑色の葉の部分は入れるタイミングが違うので、切るときに分けておきましょう。

2 豚肉を炒める

🔥 弱火　🔥🔥 中火

フライパンにごま油、にんにく、豆板醤を入れて弱火で熱し、香りが出てきたら豚肉を加えて中火にして炒める。

> にんにくが焦げそうな場合は肉の上に避難させたり、いったん取り出したりしてもOKです。炒め時間はここまでで2分ほどです。

3 野菜を加えて炒める

豚肉がカリッと焼けて脂が出たら、キャベツの芯に近いほう、葉のほう、ピーマンの順に加えてその都度サッと炒め混ぜる。

4 調味料を加える

合わせたAを回し入れ、全体に絡める。

> 味つけを手早くできるように、あらかじめAは混ぜておきます。混ぜる際にみそが溶けやすいよう、ボウルにみそ、砂糖、酒、しょうゆの順で加えると混ざりやすいです。

料理のヒント！

肉野菜炒め、回鍋肉などの中華レシピに登場する酒を「紹興酒」に変えるだけで、グッと香りが本格的になります。もしあればぜひお試しください。

チンジャオロース

下味がついている牛肉は焦げやすいため、焼くときは注意しましょう。
押しつけずに炒めるのがコツです。
ピーマンとたけのこ、牛肉の食感がやみつきに！

調理時間
20
分

24cm
フライパン

● 材料（2人分）

牛薄切り肉（焼肉用）………… 150g
ピーマン ……………………… 4個
ゆでたけのこ（細切り）………… 50g
　┌酒 ……………………… 小さじ2
　│しょうゆ、ごま油‥各小さじ1/2
Ａ│にんにく（すりおろし）、
　│　しょうが（すりおろし）
　│　　　　　　……………… 各1/2かけ分
　└片栗粉 ………………… 小さじ1

ごま油 ………………………… 小さじ2
　┌オイスターソース、酒、しょうゆ
Ｂ│　　　　　　　　…………… 各小さじ2
　└砂糖 ………………… 小さじ1/2
塩、こしょう ………………… 各少々

● 作り方

1 牛肉の下ごしらえ

牛肉は5mm幅の細切りにし、ボウルに入れる。塩・こしょうをふり、Ａを加えてもみ込む。

2 ピーマンを切る

ピーマンはヘタと種を取り除き、細切りにする。

> 湾曲しているピーマンを細切りにするのは少々難しいです。包丁の腹でたたいて平らにすると切りやすくなります。

3 🔥🔥 中火　牛肉を炒める

フライパンにごま油をひいて中火で熱し、1を炒める。

4 🔥🔥🔥 強めの中火　野菜と調味料を加える

火が通ったらやや強めの中火にし、ゆでたけのこ、ピーマンを加えてサッと炒め合わせ、合わせたＢを回し入れて絡める。

バンバンジー

パサつきやすい鶏むね肉も、緩やかに冷める厚手の鍋を使うことで
驚きのしっとり感に仕上がります。
ごまだれとの相性抜群で箸が止まりません！

調理時間
30
分

20cm鍋

（鶏肉を室温に戻す時間は除く）

● 材料（2人分）

鶏むね肉	1枚
塩	小さじ1/4
酒	1/2カップ
しょうが、にんにく	各1かけ
長ねぎ（青い部分を含む）	1/3本
A ┌ 白練りごま	大さじ1
⎜ 砂糖、豆板醤	各小さじ1/4
└ しょうゆ、酢	各小さじ2
トマト	1個
きゅうり	1本

● 作り方

1 材料の下ごしらえ

鶏肉は塩をふり、15分ほど室温におく。しょうがは厚めに皮をむき、みじん切りにする。にんにくはみじん切りにする。長ねぎは青い部分を切り、白い部分をみじん切りにする。

> しょうがの皮は鶏肉をゆでる際に使うので捨てないで！

2 鶏肉をゆでる

🔥🔥🔥 強火　🔥🔥 中火

厚手の鍋に鶏肉を入れ、酒、長ねぎの青い部分、しょうがの皮を加え、水をかぶるくらいまで注ぎ、強火にかける。煮立ったら中火にし、アクを取り除きながら3分ほど煮る。裏返して蓋をし、火を止め、そのまま冷めるまでおく。

3 たれを作る

ボウルにしょうが、にんにく、長ねぎ、**A**を入れて混ぜ合わせる。2のゆで汁大さじ1を加える。

4 野菜を切る

トマトは半分に切り、薄切りにする。きゅうりは細切りにする。

5 盛りつける

冷めた鶏肉を食べやすい大きさに薄切りにする。器にトマト、きゅうりと一緒に盛り、たれをかける。

料理のヒント！

鶏むね肉のような脂質の少ない部位は、
強火で火を入れすぎるとパサついてしまいます。
じっくりと弱い熱（余熱）で火を通すとしっとり仕上がるので、
余熱が長く続くように、厚手の鍋で調理するのが理想です。
鍋がない場合は、いったん煮立てた鶏肉を
炊飯器にゆで汁ごと移し、保温機能で30分ほどおくといいです。

エビチリ

エビを揚げ焼きにするのが本来の作り方ですが、
少し多めの油で焼くだけで十分おいしく仕上がります。
背に切り込みを入れることで食べごたえもアップ！

調理時間 **20** 分

24cm
フライパン

● 材料（2人分）

エビ（殻つき） ……… 200g	にんにく …………… 1かけ	トマトケチャップ …………… 大さじ2
┌ 塩 ……… ふたつまみ	しょうが …………… 1かけ	顆粒鶏がらスープの素 …… 小さじ1/2
│ こしょう ……… 少々	玉ねぎ …………… 1/4個	B 水 …………………… 1/2カップ
A │ 酒、片栗粉	豆板醤 ……… 小さじ1/2	酒 …………………… 大さじ1
│ ………… 各大さじ1	ごま油 ………… 適量	しょうゆ、砂糖、片栗粉 … 各小さじ1
└ ごま油 ……… 小さじ1		└ 塩、こしょう …………… 各少々
		グリンピース水煮 ……………… 30g

● 作り方

1 エビの下ごしらえ

エビは剣先を折って殻をむき、背側を開いて背ワタを取り除く。
よく洗ってから水気をしっかりとふき取り、合わせた **A** に加えてもみ込む。

> エビは剣先を折って頭のほうからむいていきます。最後のひと節のところで尾を
> 持って脱皮させるように引っ張るときれいにむけます。

2 野菜の下ごしらえ

にんにく、しょうが、玉ねぎはみじん切りにする。

3 ∆∆∆ 強めの中火 エビに火を通す

フライパンでごま油大さじ1を強めの中火で熱し、エビを焼く。8割ほど火が通ったら取り出しておく。

∆ 弱火　∆∆ 中火

4 野菜を炒めて味つけする

フライパンにごま油小さじ2を足し、弱火で熱して**2**と豆板醤を炒める。香りが立ってきたらよく混ぜた**B**を加え、中火にしてひと煮立ちさせる。

> フライパンは最初にペーパータオルで軽くふいておきましょう。**B**は片栗粉が入っているので加える直前によく混ぜます。

5 ∆∆ 中火 仕上げる

水気を切ったグリンピースと**3**のエビを戻し入れ、煮立ったら火を止める。

料理のヒント！

エビの背ワタは爪楊枝で取るだけでなく、今回のように背側に切り込みを入れてかき出す方法もあります。切り込みを入れると火が通ったときに身が開いてボリュームが出るので、エビが主役の料理におすすめです。

ニラ玉

ふわふわ卵のコツはフライパンの外側から炒めること。
ニラの食感も存在感があります。
すぐに作れるので食卓の定番レシピにぜひ！

調理時間
10
分

24cm
フライパン

● 材料（2人分）

ニラ	1束（100g）
卵	4個
塩	小さじ1/4
こしょう	少々
酒	小さじ2
しょうゆ	小さじ1/2
ごま油（またはサラダ油）	小さじ4

● 作り方

1 ニラの下ごしらえ

ニラは3cm幅のざく切りにする。根元のかたい部分と葉先のやわらかい部分を分けておく。

2 卵の下ごしらえ

卵は割りほぐし、塩・こしょう、酒を加える。

3 ◢◢◢ 中火 ニラを炒める

フライパンでごま油小さじ2を中火で熱し、ニラの根元のほうを入れて炒める。

全体に油がまわったらニラの葉先のほうとしょうゆを加えてサッと炒め、取り出しておく。

> ニラは根元のほうが火が通りにくいので、先に入れて20秒ほど炒めます。

4 ◢◢ 中火 仕上げる

フライパンにごま油小さじ2を足し、卵液を流し入れる。中火で半熟状になるまで炒めたらニラを戻し入れ、サッと炒め合わせる。

難易度：★☆☆

春雨サラダ

材料と調味料をあえたら冷蔵庫でおくだけ！
味がなじんでおいしさ倍増です。
たくさん作って常備しておくのにもおすすめです。

調理時間
15
分

（冷蔵庫におく時間は除く）

24cm
フライパン

● 材料（2人分）

春雨	30g
生きくらげ	20g
きゅうり	1本
カニ風味かまぼこ	3本（36g）
卵	1個
サラダ油	小さじ1/2

A ┌ しょうがの絞り汁 …… 小さじ1/2
　 │ ごま油、酢、しょうゆ
　 │ …… 各大さじ1
　 │ 砂糖、白いりごま
　 └ …… 各大さじ1/2
　 塩 …… 適量

● 作り方

1 春雨の下ごしらえ

春雨は熱湯に浸して戻し、水気をしっかりと切る。

2 きゅうりの下ごしらえ

きゅうりはせん切りにし、塩（重量の1%）をふってもみ、水分が出てきたら絞る。

3 薄焼き卵を作る

🔥🔥🔥 中火

フライパンにペーパータオルでサラダ油を薄くひいて中火で熱し、よく溶きほぐした卵を流し入れる。片面が焼けたらペロリと裏返し、サッと焼く。粗熱を取る。

4 材料の下ごしらえ

きくらげは細切りにする。カニ風味かまぼこはほぐす。薄焼き卵はクルクルと巻くか折りたたんで端から細切りにする。

5 調味料とあえる

Aをボウルでよく混ぜ合わせ、1〜4を加えてあえる。冷蔵庫で30分ほどおいて味をよくなじませる。

難易度：★☆☆

中華風ナムル

もやしときゅうりのシャキシャキ食感が◎
サッと作れて箸休めにもちょうどいい便利な一品です。

調理時間
10
分

● 材料（作りやすい分量）

もやし ……… 1袋（200g）
きゅうり ……………… 1本
スライスハム ………… 2枚
A ┌ ごま油 ……… 大さじ1
　│ しょうゆ …… 小さじ2
　│ 砂糖 ………… 小さじ1
　│ にんにく（すりおろし）
　│ ………… 1/2かけ分
　│ 酢 …………… 小さじ1
　└ 白すりごま …・ 小さじ2
塩 ………………… 適量

● 作り方

1 もやしの下ごしらえ

もやしはひげ根を取り除く（21ページ参照）。鍋で熱湯を沸かし、もやしを1分ゆでる。ザルにあげて水気を切り、粗熱を取る。

> もやしはひげ根を取り除いたほうが臭みが減り、口当たりもよくなります。お好みで大丈夫ですが、できれば取りましょう。

2 きゅうりの下ごしらえ

きゅうりは縦半分に切ってから、斜め薄切りにする。塩（重量の1%）をふってもみ、水分が出てきたら絞る。

3 ハムを切る

ハムは半分に切ってから5mm幅に切る。

4 仕上げる

ボウルでAをよく混ぜ合わせ、1、2、3を加えてあえる。

● 材料（2人分）

絹ごし豆腐 ………… 200g
味つきザーサイ …… 10g
きゅうり ………… 1/4本
長ねぎ ……………… 3cm
しょうが ……… 1/2かけ
香菜 ………………… 5g
A ┌ ごま油 ……… 小さじ2
  │ しょうゆ、砂糖
  │ ………… 各小さじ1
  └ 酢 ………… 小さじ1/2

● 作り方

1 豆腐の下ごしらえ

絹ごし豆腐は半分に切り、ペーパータオルにのせて軽く水気を切る。

2 野菜を切ってあえる

味つきザーサイ、きゅうり、長ねぎ、しょうがはみじん切りにし、**A**を加えてあえる。

3 盛りつける

器に豆腐を盛り、**2**をかけ、ざく切りにした香菜をのせる。

難易度：★☆☆

中華風冷奴

切ってのせるだけなのに見た目が豪華！
香菜の風味で味に複雑さも生まれます。

調理時間
10
分

難易度：★☆☆

チンゲン菜のにんにく炒め

チンゲン菜の歯ごたえで食べごたえ◎
にんにくの香りが食欲をそそります。

材料（2人分）

チンゲン菜	2株
にんにく	1かけ
赤唐辛子	1本
ごま油	小さじ2
酒	小さじ2
塩	ふたつまみ
こしょう	少々
しょうゆ	小さじ1/2

調理時間 **10** 分

24cm フライパン

● 作り方

1 チンゲン菜を切る

チンゲン菜は根元のほうを6つ割りにし、4cm幅のざく切りにする。根元と葉先はフライパンに入れるタイミングが違うので分けておく。

> 半分に切って割き、根元を3分割すると6つ割りになります。食べごたえが出ます。

2 にんにくと赤唐辛子の下ごしらえ

にんにくは細切りにする。赤唐辛子はヘタを取って種を取り除く。

3 炒めて味つけをする

◌◌◌ 弱火　◌◌◌ 強めの中火

フライパンでごま油と2を弱火で熱し、香りが立ってきたら強めの中火にし、チンゲン菜の根元のほうを加えて炒める。30秒ほど炒めたら酒を加え、煮立ったらチンゲン菜の葉を加えてサッと全体を炒め、塩・こしょう、しょうゆで味つけする。

難易度：★☆☆

わかめスープ

白ごまの香りが味に深みを添えます。
シンプルでほっとするおいしさです。

調理時間 **10** 分

18cm鍋

● 材料（2人分）

長ねぎ ……………… 1/3本
生わかめ ……………… 25g
ごま油 ………… 小さじ1
A ┌顆粒鶏がらスープの素
  │ ………… 小さじ1/2
  └水 …… 1と1/2カップ
塩 …………… 小さじ1/3
こしょう ……………… 少々
しょうゆ ……… 小さじ1/2
白ごま ………… 小さじ1/2

● 作り方

1 長ねぎと わかめを切る

長ねぎは縦に4つ割りにしてから、5mm幅に切る（粗みじん切り）。生わかめは3cm幅に切る。

> 乾燥わかめなら水で戻して絞ります。

2 スープを作る

🔥 中火

鍋でごま油を中火で熱し、長ねぎを炒める。しんなりしてきたらAを注ぐ。沸いてきたらわかめを加え、塩・こしょう、しょうゆで味つけする。

3 盛りつける

器に盛り、白ごまをふる。

> 白ごまをふる際に、指先で少しひねって潰すようにすると、ごまの香りが立ちます。

チャーハン

先に長ねぎとハムを炒めることで素材の旨みが出ます。
ごはんは押しつけながらときどき返すくらいで大丈夫。
ジュワーっと音がしたら水分が飛び、パラパラになっている合図です。

調理時間
15
分

26 cm
フライパン

● 材料（2人分）

長ねぎ	1/2本
卵	2個
スライスハム	2枚
ごはん	大盛り2膳分（400g）
ごま油（またはサラダ油）	大さじ1
塩	適量
こしょう	少々
しょうゆ	小さじ2

料理のヒント！

ごはんは炊き立てよりも、少し粗熱を取ったくらいのほうがベチャッとしません。ただし、冷めすぎると炒めにくくなるので、その場合は電子レンジで温めてから炒めましょう。

また、家庭の火力とフッ素樹脂加工のフライパンでパラパラチャーハンにするには、あまりあおらない（火元からフライパンを離さない）ほうがいいです。少しジュワーっと焼ける音がしたら大きく返す、を繰り返すとうまくいきます。

● 作り方

1 長ねぎと ハムを切る

長ねぎは縦に4つ割りにしてから5mm幅に切る。ハムは5mm角に切る。

2 卵の下ごしらえ

卵はよく溶きほぐし、塩ひとつまみを加えて混ぜる。

3 卵を炒める

●●● 強めの中火

フライパンでごま油大さじ1/2を強めの中火で熱し、卵を炒める。半熟状になったら2のボウルに戻しておく。

> 具材がシンプルなので、卵の粒感を残すために一度取り出します。

4 具材とごはんを炒める

同じフライパンにごま油大さじ1/2を足し、1、ごはん、3の順に加えながらその都度炒め合わせ、塩小さじ1/4、こしょう、しょうゆで味つけする。

> しょうゆはチャーハンにかけず、フライパンのふちに回しかけます。しょうゆの焦げた風味がつきます。

難易度：★★☆

中華丼

具材たっぷりで食べごたえも栄養も満点！
水溶き片栗粉は加える直前にかき混ぜましょう。
とろみが素材の旨みを閉じ込めます。

● **材料（2人分）**

豚バラ薄切り肉
　　………… 80g
むきエビ …… 80g
白菜 ……… 100g
しいたけ …… 2枚
ゆでたけのこ
　　………… 100g
しょうが …… 1かけ
ごま油 …… 小さじ2

A｜水 ……………… 3/4カップ
　｜オイスターソース …… 大さじ1
　｜酒 ……………… 大さじ2
　｜しょうゆ、砂糖、酢
　｜　　……… 各大さじ1/2
水溶き片栗粉
　…片栗粉小さじ2：水 小さじ4
ごはん ……………… 丼2杯分

調理時間
30
分

26cm
フライパン

1 豚肉とエビの下ごしらえ

豚肉は3cm幅に切る。むきエビは背ワタを取り除く（19ページ参照）。

2 野菜の下ごしらえ

 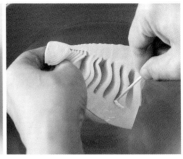

白菜は芯に近いほうは2cm幅のそぎ切り、葉先は3cm幅に切る。しいたけは石づきと軸を取り、薄切りにする。たけのこはすき間の白い粒を爪楊枝で取り、根元のほうはいちょう切り、穂先はくし形に切る。しょうがは細切りにする。

> 仕上がりにも多少かかわってくるので、気になる場合はたけのこの白い粒は取っておきましょう（21ページ参照）。

3 ◦◦◦ 中火 具材を炒める

フライパンでごま油、しょうがを中火で熱し、豚肉を炒める。
火が通ってきたらむきエビ、しいたけ、たけのこ、白菜の芯に近いほう、葉先の順に加えながら炒め合わせる。

4 調味料を加える

Aを加えてひと煮立ちさせる。

5 ◦◦◦ 中火 とろみをつける

いったん火を止めて水溶き片栗粉を回し入れ、再び中火にかけてとろみをつける。

6 盛りつける

お皿にごはんを盛り、上から**5**をかける。

あんかけ焼きそば

パリパリの麺にとろとろのあんがよく絡みます。
麺は蒸してから押しつけて焼くことがポイント！
ぜひ熱々のうちに食べはじめましょう。

調理時間 **30** 分

26cm
フライパン

20cm
フライパン

● 材料（2人分）

豚ロース薄切り肉 ……………… 100g	┌水 …………………… 1/2カップ	塩 ………………… ひとつまみ
ちくわ ……………………… 1本	│オイスターソース ……… 大さじ1	酒 …………………… 小さじ1
うずらのゆで卵 ……………… 6個	**A** 酒 …………………… 大さじ2	片栗粉 ……………… 小さじ2
チンゲン菜 ………………… 1株	│しょうゆ、砂糖、酢	
長ねぎ ……………………… 1/2本	└ ……………… 各大さじ1/2	
しょうが …………………… 1かけ	焼きそば用蒸し麺 …………… 2玉	
	ごま油 ……………………… 適量	

1 豚肉の下ごしらえ

豚肉は2cm幅に切り、塩、酒、片栗粉をもみ込む。

2 材料の下ごしらえ

ちくわは斜めに5mmに切る。チンゲン菜は1枚ずつはがし、根元のほうは2cm幅のそぎ切り、葉先は3cm幅に切る。長ねぎは縦に4つ割りにしてから3cm幅に切る。しょうがは細切りにする。

3 材料を炒め合わせる

♦♦♦ 中火

フライパン（26cm）でごま油小さじ2、しょうがを中火で熱し、香りが出てきたら、長ねぎ、ちくわ、チンゲン菜の根元、葉先の順に加えて炒め合わせる。

4 調味料と豚肉を加える

全体に油が回ったら**A**を加えて煮立たせ、豚肉を1枚ずつ加える。

> 片栗粉をまぶした豚肉を煮汁に加えるので、自然にとろみがつきやすいですが、とろみが足りなければ水溶き片栗粉を加えます。

5 うずらの卵を加える

うずらの卵を加えて火を止める。

6 麺を蒸して焼く

♦♦♦ 中火

蒸し麺は袋ごと電子レンジ（500W）で30秒加熱してほぐしやすくする。フライパン（20cm）に1玉入れて、水（分量外・大さじ2）を回しかけ、蓋をして中火で3分ほど蒸す。フライパンのふちからごま油小さじ1を回し入れ、ヘラで押さえつけるようにして焼き、こんがりと焼けたら返して両面を焼く。これをもう1玉分焼く。

7 盛りつける

6を器に盛り、温めたあんをかける。

料理のヒント！

中華丼（200ページ）の豚バラ肉は脂が多いので炒めるのに向いていますが、今回の豚ロースは脂が少なめなので、炒めるとかたくなりやすいです。片栗粉をまぶし、煮汁に入れるほうがしっとり仕上がります。

煮豚献立

大きな豚のかたまり肉をじっくり煮ることで、驚くほどやわらかな仕上がりに。
歯ごたえが心地よいチンゲン菜の炒め物、具だくさんの中華風冷奴と
汁物はつけずに、副菜 2 品を添えたスタイルにしました。

この献立を完成させる ための調理の段取り

※ごはんは炊飯済みを使用

1 豚肉を 下ゆでする

2 調味料を加え、 煮豚を煮込む

> 煮豚は下ゆでから味が染み込むまで1時間30分ほど煮込むためこの作業を最優先しよう

3 野菜の 下ごしらえ

> 煮豚：白髪ねぎを作る
> 中華風冷奴：長ねぎとしょうが、ザーサイ、きゅうりを切る
> チンゲン菜のにんにく炒め：チンゲン菜はざく切り、にんにくは細切りにし、唐辛子の種を取る

4 豆腐の水気を切り、 冷奴のたれを作る

5 煮豚を仕上げ、 タコ糸を はずして切る

6 煮豚と豆腐を 盛りつける

7 チンゲン菜を炒め、 盛りつける

> リッと炒めて完成する炒め物は一番最後に！ 先にほかの料理を進めよう

8 豆腐に たれと香菜をかける

主菜

20cm鍋

煮豚

● 材料（作りやすい分量）

豚肩ロースブロック肉
　（タコ糸で巻いているものを
　買うといい）……… 400〜500g
長ねぎ（青い部分）………… 1/3本
しょうが、にんにく ……… 各1かけ

A {
オイスターソース、砂糖
　……………………… 各大さじ4
しょうゆ、酒 ……… 各大さじ5
赤唐辛子 ……………………… 1本
シナモンパウダー …… ふたつまみ
}
白髪ねぎ ……………………… 適量

● 作り方

1 鍋に材料を入れる

鍋に豚肉、長ねぎの青い部分、薄切りにしたしょうが、にんにくを入れ、かぶるくらいの水を注ぐ。

2 🔥🔥🔥 強火　💧💧💧 弱火
豚肉を下ゆでする

強火にかけ、煮立ったらアクを取り除き、蓋を少しずらしてのせて弱火で30分ほど煮る。

3 💧💧💧 弱火
調味料を加えて煮詰める

蓋を取って**A**を加え、途中上下を返しながら弱火のまま30分〜1時間煮詰める。煮汁が半分ほどになったら、火を止めて冷ます。

4 盛りつける

食べるときに温め直し、タコ糸をはずして食べやすく切る。器に盛り、白髪ねぎを添える。

副菜

チンゲン菜のにんにく炒め

作り方は196ページに掲載

副菜

中華風冷奴

作り方は195ページに掲載

酢豚献立

本格レストランでも町中華でも大人気の酢豚をおうちでも楽しめます。
中華風ナムルとわかめスープと、これまた中華の定番メニューを組み合わせました。
中華料理は一見難しそうですが、段取りさえきっちりしておけば仕上げはとてもスピーディー！

この献立を完成させる
ための調理の段取り

※ごはんは炊飯済みを使用

1 材料の下ごしらえ

酢豚：玉ねぎはくし形に切り、ピーマンは乱切りにする

ナムル：もやしはひげ根を取ってゆで、ザルで水気を切って粗熱を取る、きゅうりは半分に切って斜め薄切りにし、塩をふって絞る　ハムは5mm幅に切る

わかめスープ：生わかめは3cm幅に切る（乾燥わかめなら戻して絞る）、長ねぎは粗みじんに切る

2 ナムルを仕上げる

> ナムルは冷蔵庫で冷やしてもおいしい

3 豚肉を切り、下味をつけ、揚げる

> 酢豚は最後まで仕上げずに豚肉だけ揚げておく

4 スープを仕上げる

5 酢豚を炒め、仕上げる

> 豚肉に火が通っているのであとは野菜をサッと炒めて甘酢あんで絡めるだけ！

6 すべてを盛りつける

主菜

24cm
フライパン

24cm深型
フライパン

酢豚

● 材料（2人分）

豚肩ロースブロック肉	250g
玉ねぎ	1/2個
ピーマン	4個
塩	小さじ1/4
酒	小さじ1
片栗粉	大さじ1
揚げ油	適量
ごま油	大さじ1

A		
	トマトケチャップ	大さじ2
	酒、酢	各大さじ3
	しょうゆ、砂糖	各大さじ2
	片栗粉	大さじ1
	水	1/2カップ

● 作り方

1 豚肉の下ごしらえ

豚肉はひと口大に切り、塩、酒、片栗粉をまぶす。フライパン（24cm深型）に揚げ油を3cmほど入れ、170℃に熱した油で5分ほどカリッと揚げる。

2 玉ねぎとピーマンを切る

玉ねぎはくし形に切り、ピーマンは半分にしてヘタと種を取り除き、乱切りにする。

3 具材を炒める

🌢🌢💧 中火

別のフライパン（24cm）でごま油を中火で熱し、玉ねぎを加えて炒める。しんなりして透明感が出てきたらピーマン、1を加えてサッと炒め合わせ、Aを加えて煮絡める。

副菜

中華風ナムル

作り方は194ページに掲載

汁物

わかめスープ

作り方は197ページに掲載

牛尾理恵（うしお・りえ）

東京農業大学短期大学部を卒業後、栄養士として病院での食事指導に携わる。料理研究家のアシスタント、食品・料理専門の制作会社を経て、料理研究家として独立。だれもが手軽に作れてバランスのよい料理に定評がある。著書に『がんばらない3日間献立』（ワン・パブリッシング）、『元気が出る野菜炒め』（主婦と生活社）など多数。

STAFF

編集協力	森本順子、清水七海（G.B.）
表紙デザイン	渡邊民人（タイプフェイス）
デザイン	酒井由加里（Q.design）
撮影	佐藤貴佳
スタイリング	栗田美香
調理アシスタント	高橋佳子、上田浩子、池田桂子
撮影協力	UTUWA（☎03-6447-0070）
企画・編集	尾形和華（成美堂出版編集部）

かんたんだけど、しっかり作る 基本の家庭料理

著　者	牛尾理恵
発行者	深見公子
発行所	成美堂出版
	〒162-8445　東京都新宿区新小川町1-7
	電話(03)5206-8151　FAX(03)5206-8159
印　刷	TOPPAN株式会社

©SEIBIDO SHUPPAN 2024　PRINTED IN JAPAN
ISBN978-4-415-33386-1
落丁・乱丁などの不良本はお取り替えします
定価はカバーに表示してあります

● 本書および本書の付属物を無断で複写、複製（コピー）、引用することは著作権法上での例外を除き禁じられています。また代行業者等の第三者に依頼してスキャンやデジタル化することは、たとえ個人や家庭内の利用であっても一切認められておりません。